2018

Gana esta vida!

80 FORMAS DE GANARLE A LA CRISIS

ISAAC JAMIR VARELA

DEDICATORIA Y AGRADECIMIENTOS

Este libro está dedicado a todas las personas, emprendedores, que no se quejan, que son optimistas, que no se rinden, que piensan con amor que pueden realizar sus sueños, personas que tienen visión y sueños de libertad económica, salir adelante, personas que admiro mucho, personas que día a día trabajan por llevar el pan a sus familias, esperanzas de vida a muchas personas para que tengan todos oportunidades de negocios, y emprendimientos. Agradecimientos a todos ellos por ser una fuente de inspiración para escribir este libro.

Agradezco a Dios, a mis padres Ladys y Francisco, y a mi hermana Vislana como fuente de confianza en mis proyectos personales.

Quiero dedicar esta obra a mis grandes modelos que me han inspirado y continúan hoy en día haciéndolo con mucha pasión y amor, agregando valor a mi vida con sus libros, cursos y materiales, gracias a John Maxwell, Anthony Robbins, Jim Rohn, Bob Proctor, Napoleon Hill, Robert Greene, Earl Nightingale, Zig Ziglar, Bryan Tracy, Grant Cardone, entre muchos otros.

También dedico esta obra a todos esos cracks y mentores que han estado conmigo en algún momento de mi vida agregando valor e inspirándome a luchar por un propósito a los que me han acogido como su amigo y compañero en algún momento de mi vida y carrera como emprendedor y empresario les quiero dar muchas gracias, en especial a Juan Fernando Cock,

Felipe González Uribe, Mario Antonio González Fernández, Carlos Vargas Pérez, Luis Valest, Carolina Pérez Robinson, Carlos Eduardo García, Ricardo Mercado y a Linda Peña ... gracias, gracias, gracias por abrirme las puertas de sus corazones y acogerme como un amigo más.

Finalmente quiero dedicar esta obra a ti que tienes en tus manos 80 formas de ganarle a la crisis, en estas páginas vas a encontrar herramientas que te ayudaran a solucionar tus problemas y que te servirán a futuro de palanca para emprender en tus grandes proyectos.

ACERDA DEL AUTOR

Isaac Jamir Varela desde los 24 años y durante 7 años se dedicó a emprender, y capacitarse en mejorar las habilidades en la parte comercial, creativa y liderazgo. Isaac obtuvo reconocimientos en el mundo de las ingenierías.

Es ingeniero electrónico, Coach, Speaker & Trainer certificado del equipo John Maxwell en inglés y en español, ha dictado programas de mentes maestras, talleres y conferencias con estudiantes de Estados Unidos, y América Latina.

Ha sido conferencista en emprendimiento y desarrollo personal en importantes eventos organizados en Estados Unidos, Paraguay, Brasil y Colombia.

Actualmente se dedica a expandir sus negocios de entrenamiento en el mundo digital y ayuda a emprendedores y profesionales independientes a iniciar negocios en la nueva economía, negocios digitales y hacer de su nombre su marca personal para monetizar su pasión y amor.

Puedes encontrar más información en www.isaacjamirvarela.online

INTRODUCCIÓN

Este libro es escrito por una persona que ha estudiado más de 100 formas para ganarle a la crisis, que desde la perspectiva ve varios vehículos como herramientas de solución para los problemas de vida, sin embargo este libro no tiene el propósito de inspirar a las personas a iniciar estas herramientas, ni ofrecer oportunidades de negocios, este libro tiene como objetivo mostrarle a las personas a crear dinero de la nada por medio de 80 formas probadas en 5 años de emprendimiento.

Vamos a hablar de formas probadas en Europa, Estados Unidos y en Latinoamérica, formas que se pueden desarrollar desde la casa, carro, computador, Tablet, dispositivo móvil, y celular.

Espero que en las páginas del libro encuentre usted las herramientas necesarias para construir su negocio o emprendimiento de la nada, que le permita alcanzar su independencia financiera y acumular lo suficiente para los años en que usted se retire de la vida activa, es decir lograr el liderazgo con el que pueda hacer realidad su proyecto de vida.

Este libro pretende resolver las dudas de aquellas personas que, por distintas razones, se interesan en el tema de crear dinero de la nada, pero sobre todo, está pensado como formas que los ciudadanos comunes que deseen tener una vida confortable y un respaldo económico suficiente, incluso, podría servirles a quienes ya tienen mucho dinero para reflexionar en sus proyectos y modificarlas si no les dan estabilidad y control de su vida.

A lo largo de los años, he observado, escuchado por medio de audios, y he leído historias de éxitos que los líderes son personas con sueños que siempre los convierten en realidad. Conozco muchos líderes que iniciaron su vida de negocios con una idea y al cabo del tiempo, la transformaron en una empresa que hoy da trabajo y oportunidades a miles de personas. Son verdaderos constructores de riqueza, no sólo para ellos sino también para miles de personas.

Tal vez piense que la realidad económica por la que está usted atravesando en estos momentos es muy difícil y no ve cómo podría alcanzar su independencia financiera si vive agobiado por sus deudas. Sin embargo, muchos problemas económicos no se explican por la falta de ingresos, sino por la indisciplina en sus gastos y su incapacidad para ahorrar. Muchísimas personas salen de casa todas las mañanas a ganar algo que no saben cómo se maneja y, no obstante, atribuyen su falta de dinero al bajo salario devengado. Dicen: "Lo que gano no me alcanza para nada". Ésta es su conclusión fatalista, aunque el problema de fondo radica en los hábitos de consumo y en el desconocimiento de cómo administrar sus ingresos. Han vivido sin tener control de sus finanzas y la culpa de todo se la atribuyen a su sueldo. Si en esta sociedad el dinero es y seguirá siendo el medio de intercambio para obtener satisfactores, ya va siendo hora de que usted domine los principios que lo rigen. Su prosperidad no depende únicamente de sus ingresos, sino de la forma en que los administra. En otras palabras: lo importante no es lo que gana, sino cómo lo gasta; es más, lo que importa verdaderamente es cuánto de sus excedentes invierte en su futuro.

Sin embargo, nuestra sociedad moderna se basa, fundamentalmente, en el consumo: una propaganda incesante acerca de una infinidad de productos y servicios nos espera cada mañana y a cada instante. Vivimos en una época donde aparentemente es posible tenerlo todo con el "poder de nuestra firma", pero detrás de este espejismo siempre habrá alguien que querrá enriquecerse a costa nuestra. Que no suceda es responsabilidad de nosotros y de nadie más.

CONTENIDO

DEDICATORIA Y AGRADECIMIENTOS 1

ACERDA DEL AUTOR 3

INTRODUCCIÓN 4

ERRORES MÁS FRECUENTES CUANDO SE INICIA UN NEGOCIO 12

COMPLETANDO ENCUESTAS 15

VIENDO ANUNCIOS 39

JUGANDO 42

BITCOIN 45

INVERSION 49

FOREX 52

SUBASTAS 57

NETWORK MARKETING 58

TAREAS 69

CASHBACK 74

APP MOVIL 78

LEYENDO EMAIL 81

WEBMASTER Y AFILIADOS 85

REDES SOCIALES 89

CREE UN BLOG DE NICHO (O SITIO WEB) Y USE MARKETING DE AFILIACIÓN 95

LANZAR Y CRECER UNA STARTUP 101

CONSTRUIR Y VENDER SOFTWARE 105

INICIAR UN SITIO DE COMERCIO ELECTRÓNICO Y VENDER PRODUCTOS FÍSICOS 107

ENCUENTRA CLIENTES INDEPENDIENTES Y VENDE TUS SERVICIOS 111

COMIENCE A ENTRENAR EN LÍNEA (COACHING) Y VENDA SU CONSEJO 114

CREAR CURSOS EN LÍNEA PARA PRODUCIR SU CONOCIMIENTO 116

LANZAR UN CANAL DE YOUTUBE PARA ENTRETENER Y EDUCAR 120

GRABA UN PODCAST Y COMPARTE HISTORIAS INSPIRADORAS 124

ÚNASE A UNA COMPAÑÍA REMOTA A TIEMPO PARCIAL (O TIEMPO COMPLETO) 128

SITIOS WEB DE PRUEBA 132

NARRAR AUDIOLIBROS 133

ESCRIBE Y VENDE UN LIBRO ELECTRÓNICO (AMAZON SELF-PUBLISHING) 134

HACER MICRO-TRABAJOS EN AMAZON MECHANICAL TURK 136

UNIRSE A UNA RED INDEPENDIENTE (COMO UPWORK, O FIVERR) 137

VENDA SUS SERVICIOS EN SITIOS ESPECIALIZADOS COMO 99DESIGNS, CLOUDPEEPS O TOPTAL 138

DISEÑO GRÁFICO PARA EMPRESAS LOCALES. 139

MARKETING POR CORREO ELECTRÓNICO CON UN BOLETÍN DE NICHO (THE SKIMM, MISTER SPOILS) 140

VENDE PRODUCTOS EN UNA TIENDA SHOPIFY 141

VENDE TUS ARTESANÍAS Y ARTE EN ETSY 142

CONVIÉRTETE EN UN INFLUYENTE EN INSTAGRAM 143

VENDE TU ARTE Y DISEÑOS EN SOCIETY6 144

CONSULTORÍA DE NEGOCIOS LOCALES 145

VENDER FOTOS EN LÍNEA 147

ALQUILE SU CASA O HABITACIÓN EN AIRBNB 148

INICIAR UN NEGOCIO DE CAMISETAS EN LÍNEA 149

VENDE TU EXPERIENCIA EN CLARITY.FM 151

RESPONDER PREGUNTAS PROFESIONALES EN JUSTANSWER 152

CONVIÉRTETE EN UN ASISTENTE VIRTUAL 153

OBTENGA UN CONCIERTO DE VENTAS SOLO PARA LA COMISIÓN 154

ENSEÑAR INGLÉS COMO TUTOR VIRTUAL 156

PUBLICACIÓN DE INVITADOS COMO ESCRITOR INDEPENDIENTE PARA SITIOS WEB ESPECIALIZADOS 157

ESCRIBE EN EL PROGRAMA DE SOCIOS DE MEDIUM 158

AYUDAR A LAS PERSONAS CON SU PREPARACIÓN DE IMPUESTOS 159

TRANSCRIBIR AUDIO Y ENTREVISTAS 160

ARTÍCULOS DE REVISIÓN 161

ETIQUETADO PRIVADO Y VENTA DE PRODUCTOS EN AMAZON 162

CONSULTOR DE VIAJES EN LÍNEA 163

HACER TRABAJOS VIRTUALES IMPARES EN TASKRABBIT 164

LIMPIAR LOS MOTORES DE BÚSQUEDA 165

PARTICIPA EN CONCURSOS EN LÍNEA PARA NOMBRES DE EMPRESAS Y LEMAS 166

RECIBE DINERO POR SER SALUDABLE 167

ESCRIBE RESEÑAS DE LOS LUGARES DONDE HAS ESTADO 168

HACER ENTRADA DE DATOS PARA EMPRESAS 169

EDITOR DE ENSAYOS DE ADMISIONES UNIVERSITARIAS 170

AYUDA A LOS NUEVOS MAESTROS VENDIENDO TU PLAN DE ENSEÑANZA 171

DÉ SU OPINIÓN EN GRUPOS FOCALES Y ENCUESTAS EN LÍNEA 172

MANTENER PÁGINAS DE FANS DE ARTISTAS ... 173

CUIDAR LAS MASCOTAS DE OTRAS PERSONAS 174

VENDE TU VIEJO TELÉFONO INTELIGENTE Y OTROS PRODUCTOS DE TECNOLOGÍA 175

VENDE TUS LIBROS ANTIGUOS 176

ALQUILE O VENDA SU ROPA EN LÍNEA 177

CONSULTOR DE CITAS EN LÍNEA 178

ALQUILA TU COCHE EN TURO 179

CONVIÉRTETE EN UN REDACTOR O COLUMNISTA DE NOTICIAS EN LÍNEA 180

COMPRAR Y VENDER NOMBRES DE DOMINIO 181

HACER ANÁLISIS DE DATOS PARA EMPRESAS 183

ENTRENADOR PERSONAL EN LÍNEA O ENTRENADOR FÍSICO 184

VENDE TUS CANCIONES 185
SUBCONTRATE SU TRABAJO EXTRA Y
COMIENCE UNA AGENCIA EN LÍNEA 186
CREA VIDEOS DE BRICOLAJE O COCINA 187
EDITAR VIDEOS EN LÍNEA 188
CONSTRUIR UN SITIO WEB DE NICHO................189
CONVIÉRTETE EN UNA SUPERESTRELLA DE
SERVICIO AL CLIENTE..190
COMPRAR UN SITIO WEB EXISTENTE 191
CONVIÉRTETE EN UN NOTARIO EN LÍNEA 192
EJECUTAR TALLERES CORPORATIVOS...............193
PRESTA TU VOZ A LAS NARRACIONES................194
CONSULTOR DE MARKETING PARA PEQUEÑAS
EMPRESAS 195
ALQUILE SU EQUIPO DE CÁMARA 196
MANEJANDO CON UBER, CABIFY 197
BIBLIOGRAFIA 201

ERRORES MÁS FRECUENTES CUANDO SE INICIA UN NEGOCIO

No invertir suficiente tiempo para investigar la viabilidad del negocio.

Nueve de cada diez empresarios fracasan porque la idea que tenían no era viable. Es tanta la ansiedad por abrir el negocio que no realizan por lo menos una investigación de mercado. No escatime tiempo para conocer el potencial que tiene y qué perfil caracteriza al mercado que desea atender. (Borghino) Éste es el error más grave y más frecuente.

Errar en la predicción de la curva de aceptación del mercado.

Al calcular mal el tamaño de su mercado, también calculan mal su proyección de ventas. Algunos señalan: "Existen dos millones de personas que necesitan mi producto y tengo que venderle a x porcentaje de esa población para que sea negocio". En realidad, esa cantidad sólo está definiendo clientes potenciales. Necesitan considerar el ciclo de madurez de las ventas para conocer cuánto tiempo les llevará alcanzar los números a los que se comprometieron. Usted tiene que calcular el capital suficiente para que el producto se conozca y sea aceptado por sus clientes potenciales. (Borghino)

Incorporar socios innecesarios.

Cuando uno necesita invertir se buscan socios que, a menudo, son amigos o parientes. Lamentablemente, muchos de estos socios no contribuyen más que con dinero, ¡pero poseen 50 por ciento de su negocio! Son una carga si no agregan valor. Sin embargo, como son sus amigos o parientes, usted posterga la decisión de prescindir de ellos. Antes de elegir socios piense dos veces, analice si la contribución o la especialidad de su socio se da en el área donde el negocio la necesita y no sólo lo invite por amistad o parentesco para que le cubra las espaldas porque le tiene confianza.. (Borghino)

Falta de habilidades de negocio.

Es muy común que el fundador sólo se concentre en las actividades que sabe. Si es especialista en diseño, ése será su foco, ¿pero quién vende, quién administra y atiende a los clientes? usted no puede tener uno para cada cosa en su etapa inicial.

Usted le prestará mucha atención a una parte del negocio y a otra no, porque no sabe o no le gusta, y con ello pierde el control de la totalidad del negocio. La clave está en elegir un socio que se oriente a cubrir un perfil complementario al suyo. Sin embargo, en la etapa inicial es necesario que usted conozca su negocio como un todo. (Borghino)

Falta de claridad en los propósitos a largo plazo de su negocio.

Aunque su empresa sea joven debe tener usted en su mente qué espera de ella en el largo plazo; no importa si con el tiempo lo cambia. Esta definición es muy importante cuando en el futuro tenga que decidir si incorpora un nuevo producto o crea nuevas alianzas. La definición le permite seleccionar la gente idónea para su proyecto. (Borghino)

Falta de foco y de identidad.

Su compañía y sus productos deben tener fuerza de identidad en el mercado. Al principio, muchos quieren ir a todas las oportunidades y se amplían tanto que no se concentran en un producto o un servicio específico. Si usted vende juguetes, no debe venderle a cualquier negocio sólo porque comercializan juguetes. Enfocarse le da poder de negociación y control del mercado. No todos pueden ser sus clientes, pues en las etapas iniciales la recuperación de su cartera es la clave para su salud financiera. Vender y cobrar mal o vender en condiciones muy flexibles de crédito es un modelo suicida en las etapas tempranas de crecimiento. (Borghino)

Falta de una estrategia de salida.

Debe tener un plan de salida, por ejemplo, si en dos años quiere crear otro negocio, o si quiere que su hijo maneje la compañía, o piensa desarrollarla y luego venderla. Si es así, esté atento de la posibilidad de vender su compañía a una compañía grande, preferentemente multinacional.

Conviene, por tanto, tener todo registrado y patentado. Sus productos deben ser de altísima calidad, ya que ser pequeño no justifica una calidad baja. (Borghino)

COMPLETANDO ENCUESTAS

Esta es una buena manera para ganar dinero ya que existen decenas de páginas para todo el mundo y además las pagan muy bien, es el trabajo ideal si lo que quieres es ganar dinero rápido...

Si estas en este mundo, ya sabrás que este, es el mejor método para ganar dinero en internet, ya que los pagos por encuesta son altos y tenemos una gran variedad de webs en las que podernos registrar.

Todas las páginas de ganar dinero con encuestas que te enseño son de registro gratuito. Nos van a dar dinero por hacer encuestas y opinar sobre marcas, productos, servicios y cosas variadas. En todas estas páginas nos van a dar a cambio de las encuestas unos puntos, (esos puntos son euros o dólares), y podremos solicitar el pago de nuestro saldo mediante transferencia bancaria o PayPal.

Las encuestas remuneradas o "Ganar Dinero Haciendo Encuestas en Internet" son estudios de mercado que realizan las empresas, para ellos es muy importante lo que pensamos acerca de los productos. Te voy a poner un ejemplo, Mc Donalds quiere sacar una hamburguesa nueva, pues hace una encuesta para ver si a la gente le compraría la hamburguesa, si en la encuesta ven que se vendería bien, la sacan, si no le mola a la gente, no la sacan, así de sencillo. Con esto las empresas se ahorran miles de millones porque si sacan una nueva hamburguesa y no gusta... imagínate.

Seguro que alguna vez estabas en casa o en el trabajo y han venido a hacerte un cuestionario para ver lo que opinas sobre algo en concreto, ahora haces el mismo cuestionario pero cobrando dinero por ello.

"Observaciones"

- Todas estas páginas son de registro gratuito, nunca compres una de esas listas que venden en las que se ganar dinero haciendo encuestas. En cualquier momento nos podemos dar de baja a la web y nos dejarán de enviar encuestas.

- Únete al mayor número webs de encuestas para así poder ganar más dinero.

- Pierde un poco de tiempo al principio y rellena tu perfil bien, con el tiempo serás recompensado con más encuestas.

- No te crees más de una cuenta en cada página, hay mucha gente que se hace varias cuentas para así que le lleguen más encuestas, pero esas cuentas duran poco ya que nuestro ordenador contiene una IP que es detectada y te eliminan todas las cuentas.

- Las encuestas tienen un número de participantes, así que cuando te llegue al correo intenta hacerla lo antes posible, no la dejes para otro día porque igual para cuando la quieras hacer ya han conseguido el número de personas encuestadas que necesitaban.

- Como ya te he dicho antes, nunca pagues por una lista de encuestas.

- En todas las webs de ganar dinero con encuestas tienes que rellenar un perfil, te recomiendo que lo rellenes al 100% y que lo mantengas actualizado para así recibir más cuestionarios.

- En ocasiones no daremos con el perfil que buscan y no podremos hacer la encuesta, eso es normal en este tipo de páginas ya que cada encuesta va dirigida a un perfil en concreto. Recuerda si nos registramos en 8 páginas de hacer encuestas, y hacemos 2 encuestas semanales en cada página, serian 64 encuestas al mes entre todas y si nos pagan de 1 a 4 dólares por encuesta podríamos ganar hasta 256 dólares. Te animas a Ganar Dinero Haciendo Encuestas en Internet??

Lo mejor es ir probando todas las páginas de encuestas para ganar dinero haciendo encuestas en Internet y así quedarnos con las que mejores resultados nos dan ya que no en todos los países envían las mismas encuestas.

Lista de encuestas para todo el mundo

Lista de encuestas para todo el mundo, en este apartado vamos a ir viendo todas aquellas páginas para hacer encuestas en las que admiten usuarios de todo el mundo, lo mejor es que vayas probando todas poco a poco y nos quedemos con las que nos resulten más rentables ya que para cada país manda diferentes encuestas, por lo que a lo mejor una misma página en México mandan 5 encuestas a la semana mientras que en Colombia mandan 1o en Argentina mandan 3.

MobRog: De nacionalidad Alemana, vamos a recibir encuestas de gran valor al que estamos acostumbrados y en una semana vamos a ser capaces de solicitar nuestro primer pago por el procesador de pagos PayPal. https://www.mobrog.com/es-co/

Mobrog es un portal para ganar dinero haciendo encuestas realmente fácil de utilizar, tan solo basta con que nos registremos correctamente con el mismo correo que tenemos en nuestra cuenta de PayPal para luego poder solicitar los pagos sin problemas y esperar a que las encuestas nos lleguen a nuestro correo.

Como en todos los portales de este tipo, es necesario rellenar nuestro perfil personal de una manera correcta para lograr que nos lleguen más encuestas, no obstante, a diferencia de otras páginas aquí es bastante sencillo y rápido de hacerlo.

La media actual de encuestas que envían son unas tres por semana, por eso os digo que tenemos que estar registrados en cuantas más páginas similares mejor así tendremos para hacer encuestas todos los días he ir sumando en nuestros monederos particulares para solicitar pagos progresivamente en cada una de las páginas.

Por último, aclarar que además de ganar dinero haciendo encuestas podemos aumentar nuestras ganancias en $0.80 por cada usuario que invitamos y realiza tres encuestas por lo que es un portal en el que vamos a llegar muy pronto al mínimo de pago que es tan solo $5.

Y bueno amigos con Mobrog los ánimo a que la prueben porque pienso que es un portal bastante bueno al que le podemos sacar un buen provecho.

Hiving: Encuestas pagadas para Latinoamerica, España y casi todo el mundo se cobra mediante PayPal y realiza encuestas que duran entre 15 y 20 minutos, pagan en relación al tiempo empleado en hacerla.
https://www.joinhiving.com/

Hiving, Encuestas Remuneradas es una web ubicada en Francia (Paris), puesta en marcha en 2009, con un 10 en fiabilidad por mi experiencia y con reseñas bastante buenas por los usuarios. Esta plataforma nos ofrece la posibilidad de realizar encuestas remuneradas, es decir nos mandara encuestas de las principales marcas mundiales por las que recibiremos dinero, también tendremos la posibilidad de que nos envíen productos (totalmente gratuitos) que aún no han salido al mercado para que los probemos y les contestemos a unas serie de preguntas sobre ellos.

Actualmente debido a la crisis que sufrimos están aprovechando para expandirse por todo el mundo ya que hay mucha más gente interesada en sacarse unos dólares con las encuestas remuneradas, en concreto España, Colombia, Argentina, Chile y México.

Características

Idioma: Español, Inglés, etc

Países aceptados: Todo el mundo.

Duración de las encuestas: Las hay de 5 minutos y de entre 15 y 20 minutos.

Pagos por encuesta: Los pagos son bastante interesantes ya que pagan en función del tiempo que dura la encuesta suele ser unos 40 puntos por minuto aproximadamente.

Niveles de referidos: Cuenta con un nivel de referidos y nos pagan por cada uno que hacemos.

Pagos por referido: Con el sistema actual de referidos ganas 500 puntos por cada referido.

Modo de pago: Pagan mediante PayPal o Amazon.

Comprobante de Pago:

Condiciones para solicitar el pago: 6000 puntos.

Programa de Afiliados: el programa de afiliación de la encuestadora Hiving funciona de la siguiente manera. Nos registramos en éste programa, nos dan un link el cual debemos utilizar para invitar personas a registrarse en Hiving, y estaremos ganando comisiones por esos registros. Las comisiones son variables dependiendo del país en donde se registren las personas. Los primero de cada mes, se genera una factura la cual podemos cobrar para enviar el dinero que obtuvimos durante todo el mes anterior a nuestra cuenta de paypal (no hay mínimo de pago). Una vez cobrada la factura, debemos esperar entre 2 a 5 días para que nos envíen el dinero.

"Detalles y Funcionamiento"

–Rellenar el perfil al 100% conseguiremos que nos envíen más encuestas

– El número de encuestas remuneradas que recibiremos variara dependiendo de la época del año.

–Los puntos de la encuestas, variaran en función del tiempo empleado, pero debemos de saber que una encuesta que nos dice que nos durara 25 minutos si la alargamos para que dure 1 hora no nos van a pagar lo de 1 hora nos pagaran lo de 25 minutos.

–Recordad, para los usuarios que no son de los países indicados en la parte superior, que debéis registraros poniendo que eres Español, conozco casos que lo han hecho y han cobrado.

1º Consejo, cuando nos registremos que debes poner que eres los que llevas el sueldo a casa y realizas las compras diarias, así recibiremos más encuestas.

2º Consejo, cuando rellenes el perfil poner que tienes niños.

3º Consejo, antes de iniciar una encuesta te hace una serie de preguntas para ver si eres el perfil idóneo, te preguntara:

-Trabajas en los siguientes sectores, publicidad, marketing… etc. Poner ninguno de ellos.

-Tienes pensado cambiar de vehículo: Poner que si.

-Tienes niños a tu cargo. Poner que si.

-Has hecho alguna encuesta sobre (Tema) en los últimos 3 o 6 meses. Poner que no.

-Has comprado alguno de estos productos últimamente. Marcar 2 o 3.

ClixSense, Tiene ofertas muy bien remuneradas todos los días, además de encuestas y varias tareas, acoge usuarios de todo el mundo y es recomendada 100% pero hay que ser activos. **http://www.clixsense.com/**

ClixSense, Ganar Dinero con Encuestas y Tareas, se trata de uno de los mejores portales que podemos encontrar en el mercado para ganar dinero, fue fundada en 2007 por Steven Girsky y se encuentra en New York (EEUU), en este portal ganaremos dinero de muchas formas.

Nos ofrece la oportunidad de ampliar nuestro capital haciendo de cinco a seis encuestas diarias, ademas nos dejara ver vídeos matomy así como registrarnos en diferentes sitios web en los que nos pagaran, también hay una serie de juegos y concursos mensuales en los que podemos conseguir hasta 50$.

"Características"

Idioma: Ingles, Español utilizando el navegador Google Chrome se traduce solo.

Países acepados: Todo el mundo.

Niveles de Referidos: Consta de 1 nivel de Referidos.

Pago por referido: 20% de todo lo que generan más 2$ cuando ellos ganan 5$.

Modo de pago: Nos pagaran mediante, payoneer, skrill y Tangocard

Comisiones Payoner en ClixSense:

En Payoneer como en cualquier otro procesador nos van a cobrar una comisión cuando realizamos ciertas operaciones, es a lo que se dedican y es su forma de ganar dinero, todos los procesadores cobran comisión, bien sea de una forma u otra.

En este caso la comisión que nos van a cobrar, viene reflejada en ClixSense cuando vamos a solicitar un retiro mediante este método:

Nos van a cobrar 2$ cada vez que solicitamos un retiro.

Esta comisión aunque parezca demasiado, hacerme caso que no lo es ya que la mayoría de procesadores ponen una pequeña cantidad fija pero luego añaden un porcentaje de la transacción haciendo que la cuantía vaya subiendo cuanto más solicitamos.

Ahora viene lo bueno chavales, con el dinero ya recibido en nuestra cuenta de Payonner como he explicado antes nos lo vamos a pasar a nuestra cuenta bancaria, en este caso las comisiones son:

No nos cobran comisiones por enviarlo al banco.

Pero por si este punto no fuera poco, vamos a ver las comisiones que nos cobran por el cambio de moneda, ya sabes que nosotros somos de Colombia, ¿Verdad? y en ClixSense se cobra en dólares, por lo tanto, cuando solicitamos un retiro en Payoneer retiramos dólares pero a la cuenta bancaria llegan pesos colombianos y en la mayoría de procesadores hay una comisión por el cambio de moneda, pues las comisiones que Payoneer nos cobra por el cambio de moneda son:

Nos cobran entre un 1% y un 2% de comisión (Variable).

Comprobante de Pago:

Transaction details

Payment Received (Unique Transaction ID

Sent by: ClixSense (The sender of this payment is Verified)
Payment sent from: payments@clixsense.com
Payment sent to:

Business Contact Information

Customer Service URL: http://www.clixsense.com
Customer Service Email: info@clixsense.com

Amount received: $120.00 USD
Fee amount: $0.00 USD
Net amount: $120.00 USD

You have up to 60 days to refund the payment.

Date: 24 Apr 2015
Time: 22:45:11 GMT+02:00
Status: Completed

Subject: ClixSense has just sent you $120.00 USD with PayPal
Custom Note: Thanks for your business
Payment type: Instant

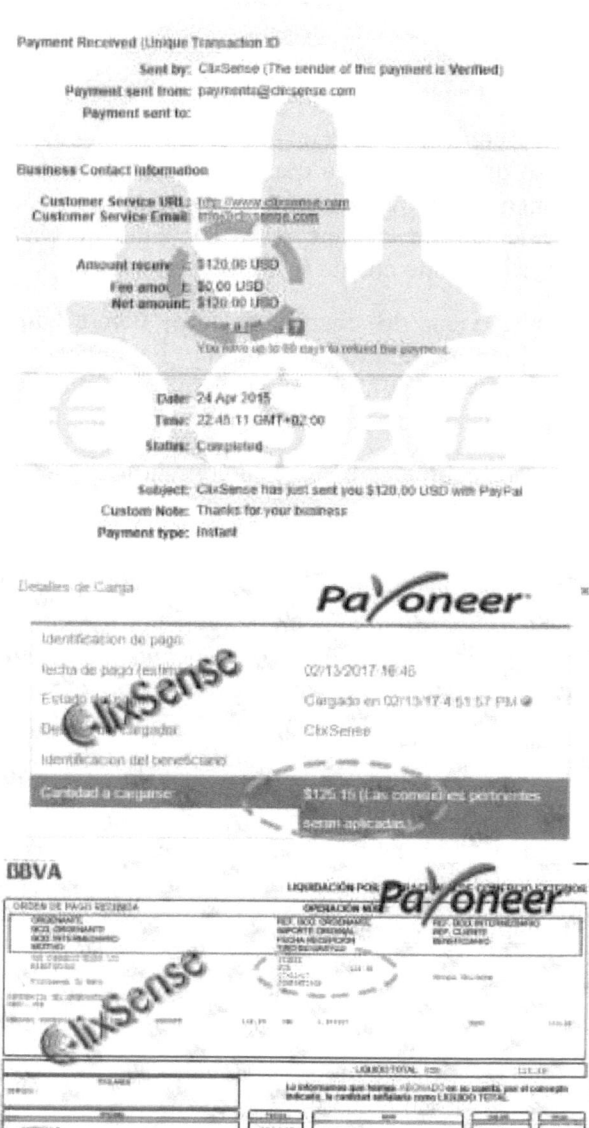

Condiciones para solicitar el pago: Deberemos tener 10 dolares como mínimo para solicitar un retiro a excepción de Payoneer que el mínimo es de 20$.

Concursos y bonus diario: Existen unos concursos para los usuarios más activos en los que tienes multitud de premios que van desde los 2$ hasta los 50$ una buena manera para aumentar los beneficios así como el bonus diario que lo puedes obtener si realizas las diferentes tareas que te marca la web.

Como Ganar más Dinero en ClixSense: tú también puedes conseguir pagos como estos y para ello te enseñamos la mejor manera de conseguirlo, veremos el pago y hablaremos un poco sobre la página como sacar el máximo rendimiento ya que este portal valido para todo el mundo y con más de 8 años pagando lo tenemos que explotar al 100% y trabajarlo todos los días porque es muy seguro y fiable.

ClixSense lleva unos 8 años pagando a todos los usuarios sin ningún problema, paga mediante Paypal, Payza, Paytoo, y los pagos los realizan los Lunes y los Viernes, fijaos si esta página es segura y fiable que antes de enviar un pago realizan una transacción de 0.01$ para comprobar que los datos que hemos puesto son correctos y así no enviar el dinero a otro usuario, con ese envío de 0.01$ ellos confirman que el correo de la cuenta que hemos puesto para cobrar es un correo válido para hacer la transacción y una vez comprobado nos realizan el pago.

En ClixSense se puede ganar dinero de muchas formas, como en todas las paginas para ganar dinero viendo anuncios tenemos la sección donde veremos sus propios anuncios. En Como ganar mas dinero en ClixSense y Pago, no se limita solo a esa sección porque nos ofrece muchas otras, en primer lugar tenemos las encuestas una forma diferente y muy bien pagada, pero no solo eso porque también en el menú encontramos las Offer y las Tasks por no decir también el juego de ClixGrid.

Las Offers es una sección donde empresas externas a ClixSense ponen diferentes tareas para que nosotros las hagamos y ganemos dinero, si ponemos el ratón encima de Offers nos sale una lista con todas y cada una de las empresas externas (Persona.ly, TrialPay, RadiumOne, etc…) estas nos van ha dar la opción de hacer diferentes trabajos y en cada una de ellas encontraremos cientos de ofertas como ver algún vídeo, hacer alguna encuesta, jugar a un juego, descargar alguna aplicación, etc… Cada oferta esta valorada en unos puntos llamados Clixcen y tenemos que saber que 100 Clixcen es 1$.

Las Task este es otro apartado del menú en el que ganaremos dinero haciendo tareas de Crowdflower un sistema de tareas en el que iremos cogiendo experiencia y ganando porcentaje de acierto con el cual conforme lo vallamos subiendo nos irán llegando tareas de mayor valor. En la sección ayuda puedes ver más sobre Crowdflower una manera excepcional para ganar dinero aunque como en todo iremos de menos a mas.

Tareas CrowdFlower: Si

Que es CrowdFlower

Es una compañía fundada que fue fundada en 2007 en California (Estados Unidos), actualmente forman parte de esta plataforma más de 5 millones de usuarios de más de 208 países diferentes. Tenemos que saber que CrowdFlower es una compañía independiente a las páginas en las que podemos encontrar esta sección, la cual es un intermediario entre las empresas que adquieren sus servicios y las empresas que tienen el poder de encontrar afiliados para que se hagan cumplir dichos servicios contratados.

El Mayor Pago Conseguido:

Transaction details

```
Payment Received (Unique Transaction ID #
            Sent by: ClixSense (The sender of this payment is Verified)
 Payment sent from: payments@clixsense.com
    Payment sent to:

Business Contact Information

  Customer Service URL: http://www.clixsense.com
 Customer Service Email: info@clixsense.com

   Amount received: $864,90 USD
        Fee amount: $0,00 USD
        Net amount: $864,90 USD
                    Issue a refund
                    You have up to 60 days to refund the payment

              Date: 2 Sep 2015
              Time: 23:01:04 GMT+02:00
            Status: Completed

           Subject: ClixSense has just sent you $864,90 USD with PayPal
       Custom Note: Thanks for your business
      Payment type: Instant
```

Centro de Opinión: Página en la que podemos sacar el dinero a partir de 2,5€ y cada encuesta puede ser remunerada hasta por 1,50€, además hace sorteos cada 3 meses en los que sortea entre los encuestados 1250€ . **https://www.centrodeopinion.es/es-es**

Centro de Opinión nos pagan por realizar encuestas seguimos ampliando nuestra cartera de páginas de encuestas, esta vez con una página segura donde las haya, esta web ofrece a los usuarios la oportunidad de participar en estudios de mercado a través de encuestas gratuitas, por cada encuesta que realizamos nos dan una cantidad de puntos, canjeables por dinero.

Lo que más me gusta de esta web es que a diferencia de otras que hacen falta 10€ o 20€ para poder solicitar nuestro dinero, aquí únicamente necesitaremos tener 2,5€ para cobrar, y os aseguro que es una cantidad fácil de conseguir. Queda destacar que si poseemos una cuenta paypal podremos recibir el cobro en un plazo de unas 4 horas.

Otra particularidad que se está poniendo de moda son los concursos en los que nos permiten participar, concretamente, Centro de Opinión celebra un concurso trimestral en el que sortean un premio de 1250€, 5000€ al año, la forma de participar es muy fácil solo necesitamos hacer encuestas en las que además de que nos pagan por realizar encuestas, nos regalan una participación para el sorteo, así que cuantas más hagamos más posibilidades tendremos.

"Características"

Idioma: Español.

Países Aceptados: España, Estados Unidos, Alemania, Francia, Italia, Inglaterra

Duración de las encuestas: Las hay desde 5 minutos, hasta 15 y 20 minutos.

Referidos: No tiene sistema de referidos.

Modo de pago: paypal, amazon e itunes

Condiciones para solicitar el pago: Podremos solicitar el pago cuando alcancemos la cantidad de 2.5€.

Comprobante de pago:

Otros: Recordad que a parte de lo que nos pagan por hacer las encuestas nos dan unas participaciones para el sorteo trimestral de ¡¡¡1250 euros!!!

Centro de Opinión una buena manera de hacer encuestas.

GreenPanthera: Un magnífico portal de encuestas válido para todo el mundo en el que vamos a recibir un gran número de encuestas prácticamente todos los días y que además paga por PayPal.
https://greenpanthera.com/

GreenPanthera consigue el bono de 5$ Gratis solo con registrarte y gana más dinero haciendo encuestas, porque en GreenPanthera nos envían encuestas cada día.

GreenPanthera según cierta información obtenida pertenece a la empresa A&K international INC. que fue fundada en 2012, se encuentra ubicada en los Estados

Unidos y al parecer lleva operando desde finales de 2014 o inicios del 2015.

"Características"

Idioma: Español, Ingles, Alemán, Francés, Portugués, Italiano, etc...

Países aceptados: Gran parte de Europa y de America Latina, además de Estados Unidos y Canadá. (Mejor entrar y mirar si esta vuestro país).

Duración de la encuesta: Puede variar desde los 5 minutos hasta los 30 o 40 minutos.

Pagos por encuestas: Entre 0.70$ y 3$. (Depende de la duración de las mismas).

Pagos por referidos: Ganamos el 10% de lo que generan nuestros referidos.

Modo de pago: PayPal

Condiciones para solicitar el pago: Necesitamos conseguir al menos 30$ para solicitar el pago.

Comprobante de Pago: Si

Otros: Las encuestas tardan en validarlas unos días, así que tranquilos, ir haciendo que luego las pagan todas a la vez!!!!

"Funcionamiento"

Encontramos varias maneras de trabajar GreenPanthera ya que además de las encuestas nos permite realizar compras con la modalidad de Cashback (Devolución de saldo en determinadas compras) y también nos ofrece cupones de descuento para diferentes tiendas, pero nosotros para lo que vamos a utilizar GreenPanthera es para realizar encuestas en línea y ganar dinero realizando dichas encuestas que es la característica principal que nos interesa.

Para comenzar a utilizar este portal tenemos que rellenar nuestro perfil personal en tan solo dos pasos y en el tercero ya comenzamos a trabajar:

1º- En primer lugar tenemos que pulsar donde pone de color amarillo "Cuenta Personal", que se encuentra en la parte superior derecha de vuestras pantallas, justo debajo del balance.

2º- Una vez rellenados los datos cuando le damos a guardar, nos envían un correo informándonos de dichos cambios y con un enlace en el que tenemos que pulsar y que nos valida los datos guardados. (En este punto es cuando nos dan los 5$ GRATIS).

3º- Ahora que tenemos la cuenta validada ya podemos comenzar a realizar las encuestas que nos van mandando, para ello tenemos que pulsar de nuevo donde pone "Cuenta Personal" >> "Gane Dinero" y es que, si nos fijamos en "Cuenta Personal" es ahí donde tenemos un segundo menú personalizado para cada uno de nosotros donde encontramos las siguientes opciones:

Invite a sus amigos: Aquí tenemos nuestro link de referido.

Gane Dinero: En esta opción encontramos todas las encuestas que tenemos disponibles.

Retirada: Desde esta opción podemos solicitar los pagos.

Transacciones: Aquí vemos un listado de todas las ganancias que vamos generando así como de los retiros.

Datos Personales: Esta la hemos visto al principio y es la que tenemos que rellenar para que nos den los 5$.

GlobalTest Market: Un portal para ganar dinero haciendo encuestas válido para todo el mundo, es un portal con una gran reputación gracias al buen número de años que lleva ofreciendo sus servicios y haciendo ganar algo de dinero a todos sus usuarios. **https://www.globaltestmarket.com/?lang=E**

Global Test Market es una empresa seria y fiable ya que lleva en el mercado desde 1999, pertenece al grupo GMI (Global Market Inside), cuenta con más de 1500 empresas que confían en ellos para realizar sus estudios de mercado y además tiene más de 10000 fieles panelistas que realizan encuestas diariamente.

Si lo que quieres es ganar un dinero extra, esta es una buena página para empezar ya que podremos hacer encuestas diariamente y ganar unos euros, además nos ofrece la posibilidad de participar en concursos gratuitamente, cada encuestas tiene una duración media de unos 15 minutos y el pago depende de la duración de esta, suele esta entre 1€ y 3€.

MarketAgent: Una página de encuestas especializada en Europa y Latinoamérica desde la que ya hemos recibido varios pagos y que no puede faltar en nuestra cartera de páginas para ganar dinero haciendo encuestas. **https://marketagent.com/**

Marketangent un portal de nacionalidad Austriaca que lleva realizando estudios de mercado a las grandes marcas del norte de europa desde el año 2001 y que ahora en el año 2017 ha decidido a dar el gran salto para comenzar a operar en prácticamente todo el mundo.

Marketangent se encuentra registrada en la ciudad de Baden (Austria) muy cerca de Viena inscrita con este número ATU 517 84 902, le permite operar tanto dentro como fuera de la Unión Europea, así mismo, responde al siguiente nombre de empresa: Marketagent.com online reSEARCH GmbH

En Marketagent además de ganar dinero por cada encuesta que realizamos, tenemos que destacar que tan solo por registrarnos nos van a regalar 1.5€ o dólares y sabiendo que el mínimo de pago es de tan solo 2€ o dólares mediante el procesador de pagos PayPal, podemos decir que en cuanto realizamos una primera encuesta ya podemos solicitar nuestro primer pago.

FutureTalkers: Un novedoso panel de encuestas valido para todo el mundo con el que vamos a ganar dinero tanto por las encuestas como por invitar a nuestros amigos. **https://www.futuretalkers.com/**

FutureTalkers es un novedoso panel de encuestas que pertenece a Insites Consulting uno de las mayores agencias de estudio de mercado del mundo, se encuentra entre las 10 mayores empresas de este tipo, cuya finalidad es dar servicio a las grandes marcas para ayudarlas en el éxito de su nuevos productos.

FutureTalkers es bastante nueva y la verdad que actualmente está viviendo uno de sus mayores éxitos en la expansión mundial, por ello además de recibir las encuestas y pagarnos por ellas también nos van a pagar por invitar a nuestros amigos, un incentivo muy bueno para afianzarse como una de las grandes marcas en el estudio de mercado.

Es un panel realmente fácil de usar, lo puedes poner en tu idioma sin ningún problema y empezar a rellenar tus datos de perfil para comenzar a recibir encuestas.

Myiyo: Pagan muy bien las encuestas y es válida para todos los países. Pagan a través de PayPay y puedes retirar el dinero con 20€. También ganarás dinero invitando a gente a su web. **https://www.myiyo.com/**

Myiyo, encuestas pagadas es una red internacional en la que tu participación apoya a empresas y gobiernos a decidir cómo deben ser mejorados sus productos y servicios, consta de un gran prestigio ya que está avalada por las mayores empresas mundiales.

En esta comunidad podremos participar en los sondeos realizando encuestas pagadas, cuenta con varios idiomas ya que es una comunidad a nivel mundial y aceptan gente de muchos los países.

Cada vez que haya una encuesta disponible nos mandaran un correo a nuestro email avisándonos, en el que nos indicara la duración de la misma y lo que nos pagan por realizarla. Normalmente las encuestas pagadas son de 1000 a 3000 puntos siendo necesarios 20000 puntos para solicitar el cobro. (Cada 1000 puntos equivale a 1 euro).

Es una buena página para realizar encuestas ya que pagan desde 1 euro hasta 3 euros, aunque hay excepciones a veces mandan encuestas de más de 3 euros, suelen durar entre 15 y 20 minutos, para recibir un mayor número de encuestas deberemos rellenar nuestro perfil al 100% y con datos verdaderos, además de realizar una única cuenta por usuario ya que si no nos la borraran, cuando terminamos la encuesta no recibimos el dinero hasta que ellos la revisan, por ello aconsejo hacerlas bien y no a lo loco, que merece la pena ya que pagan hasta 3 euros por encuesta.

Opinion Bureau: Un portal para ganar dinero haciendo encuestas para España y otros países en el que nos dan un bono de bienvenida de 6$ tan solo con registrarnos y realizar una primera encuesta. **https://www.opinionbureau.com/**

Opinion Bureau un portal con varios años en el sector, válido para todo el mundo, que entre sus métodos de pago tenemos el procesador PayPal por el cual podemos solicitar retiros cuando alcancemos la cantidad mínima de tan solo 10$, sabiendo que al registrarnos nos dan un bono de 6$, más las encuestas que suelen estar entre los 2.5$ y 4$, podemos saber que en muy poco tiempo conseguiremos llegar al mínimo para solicitar el primer pago.

Opinion Bureau pertenece a la empresa Internet Research Bureau Pvt. Ltd. con oficinas en varios continentes estando ubicadas en Estados Unidos, Nueva Dheli y Gran Bretaña, esta empresa fue fundada en el año 2011 y se dedica a la realización de estudios de mercado para grandes marcas de prestigio, es decir, las empresas antes de sacar un nuevo producto realizan sondeos sobre la población con los que obtienen información muy útil para saber el futuro y el porvenir de sus productos.

Estas empresas encargadas de hacer dichos sondeos son empresas como Opinion Bureau u otras que ya venimos trabajando con anterioridad y son estas las que comparten con nosotros sus ganancias obteniendo usuarios fieles a cambio de algunos dólares o euros por la realización de las encuestas.

Opinolandia, Gana dinero realizando encuestas porque con esta página válida para varios países del mundo por cada encuesta que hagas un dinero extra que vas a ganar y si trabajas las diferentes páginas que te ofrecemos verás como a final de mes ganas una cantidad sustancial.
https://www.opiniolandia.com.co/es-co

Opinolandia, un panel de encuestas que cuenta con varios años de experiencia, nos brinda la posibilidad de, dejar de aburrirnos en casa y opinar sobre diferentes empresas, marcas y productos, lo mejor de todo es que cada vez que demos nuestra opinión, nos van a pagar una cantidad de dinero.

Para ganar dinero haciendo encuestas en este panel, lo único que debemos hacer es registrarnos gratuitamente y rellenar nuestros datos de perfil, una vez rellenado nos mandaran un email de confirmación a nuestro correo el cual deberemos abrir para verificar nuestra cuenta, posteriormente solo tenemos que esperar a que nos lleguen las encuestas por correo electrónico. Suelen mandar de 4 a 5 encuestas por semana aunque depende la temporada del año estas se suelen incrementar.

Ademas cuenta con una opción muy interesante, ya que realiza concursos trimestralmente de 1250€, en los que podremos participar al mismo tiempo que ganamos dinero haciendo las encuestas, ya que nos darán unas participaciones con cada encuesta que empecemos y lo mejor de todo es que dichas participaciones las podemos recibir aunque no terminemos las encuestas.

Recuerda que Roma no se hizo en un día, y si lo que de verdad queremos es ganar dinero haciendo encuestas lo mejor es apuntarnos en varios paneles a la vez, así podremos aumentar nuestros ingresos considerablemente.

IsurveyWorld: Consigue tus primeros cinco dólares solo con registrarte y comienza a realizar encuestas para que realices tu primer retiro. **https://www.isurveyworld.com/**

ISurvey Word panel de encuestas. Un nuevo panel de encuestas bastante bueno para España, Argentina, México, Brasil, Reino Unido, Estados Unidos y Puerto Rico. Pertenece al grupo Dale Network inc. y esta controlado por el mismísimo Dale Network! estos datos nos dan la tranquilidad de la veracidad del panel.

Está ubicada en California (Estados Unidos) una de las cosas que también me gusta ya que los paneles de este país suelen pagar bastante bien. I Survey World es el típico panel de encuestas en el que las grandes empresas mundiales depositan su confianza para ofrecer y mejorar sus productos de cara al usuario final, por eso ya podemos participar en la creación y la modificación de dichos productos con nuestra opinión, porque nuestra opinión también cuenta. Además de participar activamente en la creación y modificación de diferentes productos con nuestra opinión, nos veremos recompensados con dólares, ya que por cada encuesta que realicemos, nos van a pagar una cantidad de dinero dependiendo de la duración de la encuesta.

Cabe destacar la gran oferta que tienen este panel y es que nada más con registrarnos y verificar la cuenta desde nuestro correo, recibiremos 5$ como regalo de bienvenida.

American Consumer Opinion: Web que funciona en América y en cualquier parte del mundo. Esta página nos va a pagar mediante cheque y el mínimo para solicitar el pago es de 10€. **https://www.acop.com/**

American Consumer Opinión: Desde 1996 y contando con un gran éxito mundial os presentamos (ACOP). Es una de las mayores empresas dedicada al estudio de mercado por medio de encuestas para todo el mundo, situada en Dallas EEUU pertenece al grupo Decision Analyst, Inc. y cuenta con más de 175 empleados.

Gana dinero rellenando encuestas es posible gracias a la dedicación exclusiva que presenta a sus clientes, con todos esos años en el estudio de mercado ACOP se codea con las mejores empresas para facilitar su expansión, que les permite conocer la opinión de los usuarios de cualquier parte del mundo.

Particularmente esta es una página la cual me gusta mucho, ya que siempre que hay una encuesta disponible me mandan un correo electrónico con el enlace para hacerla, y casi siempre me deja hacerla, tiene unos cupos muy ampliados con lo que permite hacer las encuestas a muchos más usuarios que otras, otra cosa por la que la recomiendo, es por su forma de pago fiable al 100%, paga a través de cheques que envía automáticamente cuando conseguimos la cantidad de

10$, me quede flipando cuando me enviaron el primero, venía desde Vancouver (Canada) que fuerte ¿no? Por eso recomiendo rellenar los datos correctamente desde el inicio del registro, así no tendremos ningún problema.

CashCrate: En esta web podremos hacer hasta 2 encuestas diarias, además también podemos ganar dinero viendo vídeos o visitando otras web, está muy bien, por la variedad de cosas que podemos hacer para ganar dinero, además es válida para todo el mundo. **https://www.cashcrate.com/**

CashCrate, encuesta fácil para todos los países, es una empresa de Estados Unidos que tiene su sede en Nevada, lleva realizando encuestas desde 2006, además de ello en 2012 amplio su oferta para ganar dinero con opciones como registros, prueba de productos, juegos, ver vídeos, etc. y en 2013 siguió aumentado la oferta, ahora nos ofrece la posibilidad de realizar y poquito de Cashback, aunque esta opción todavía la tienen un poco verde comparada con Beruby o Gatwin líderes en el mercado del Cashback.

Además de lo dicho anteriormente CashCrate, también realiza concursos mensuales, actualmente están dando premios de hasta 60$ a los usuarios que más encuestas hacen al mes, otro aspecto a destacar es que podemos hacer al menos 2 encuestas diarias a excepción de los usuarios de habla Inglesa que les ofrece más encuestas.

VIENDO ANUNCIOS

Paginas para ganar dinero viendo anuncios, en esta sección vamos a ver las mejores PTC existen cientos de páginas de este tipo y las vamos a ir comprobando todas, en este tipo de páginas la manera de ganar dinero es viendo anuncios desde el propio portal de la página sin necesidad de que nos envíen emails a nuestro correo, últimamente estas páginas estan añadiendo nuevos métodos para ganar dinero, como realizando encuestas, viendo vídeos así como haciendo registros en otras páginas, esta última no la recomiendo puesto que antes de registrarnos deberíamos informarnos un poco de cómo funciona cada portal y la verdad que cuando nos da la opción de registrarnos para ganar algún punto, nunca nos explica de que se trata.

La mayoría de estas webs admite de uno a varios niveles de referidos algo muy bueno con lo que podemos aumentar nuestros ingresos, además de ello, muchas cuentan con concursos en los que podemos ganar regalos, dinero, puntos etc.

Es importante que leamos bien las FAQS (condiciones) de cada página ya que pueden variar mucho de una web a otra y así nos evitaremos sorpresas desagradables.

A continuación les dejo una lista de las paginas para ganar dinero viendo anuncios, todas las que salen aquí están probadas y pagando actualmente.

Listado

NeoBux, Otro gran portal PTC este en Español valido para todo el mundo, muy fácil de usar y con un mínimo de pago de 2$, también me gusta mucho ya que no le dedico más de 30 minutos diarios y me permite trabajar con otras páginas, en esta también debemos ser activos diariamente. https://www.neobux.com/

Mudet, la primera tienda on-line con su propia sección para ver anuncios en la que comparte sus ingresos con nosotros, un sistema innovador en el que además de ver anuncios se puede ganar dinero de muchas otras formas.

https://www.mudet.com/

Scarlet-Clicks, desde 2009 en línea y pagando a todos sus usuarios es un portal del estilo PTC en el que también tenemos alguna sección para hacer tareas y ganar más dinero. Es válido para todo el mundo y entre sus opciones de cobro se podemos encontrar PayPal.

https://www.scarlet-clicks.info/

GPTPlanet, un portal del estilo PTC que no puede faltar en nuestra lista de páginas para ganar dinero, con un mínimo para solicitar pago de tan solo 1$ y sus más de 7 años en línea, lo tenemos que aprovechar para ganar dinero.

https://www.gptplanet.com/

PaidVerts, algo más que una PTC, ya que nos ofrece que hagamos de nuestra imaginación para tratar de hacer la mejor estrategia posible, gracias a ella podemos generar anuncios muy bien pagados si la hacemos bien y tenemos paciencia se puede ganar bastante dinero ya que te saldrán anuncios que superan límites insospechados.

https://www.paidverts.com/

EverGreenAdz, Un portal diferente a los que habitualmente trabajamos en el que los anuncios de dinero que recibimos se basan en función de la categoría en la que estamos, aparte de ganar dinero, es divertido porque vamos a estar subiendo de nivel y cada vez nos van a llegar mejores anuncios.

https://evergreenadz.com/

Optimalbux, Otra Ptc que se puede trabajar desde cualquier país, con la que ganar dinero viendo anuncios, nos va a pagar en dólares o mediante diferentes criptomonedas como pueden ser Bitcoin, Litecoin, Dash, etc... y pertenece al mismo administrador que Scarlet-Clicks y GptPlanet, por lo tanto, nos garantiza una seguridad extra tras ver su excelente trayectoria.

https://optimalbux.com/

AdzBazar, Similar a las anteriores y pagando desde el año 2014 podemos participar en este portal donde tenemos la posibilidad de ganar dinero viendo anuncios, la característica principal es que funciona en todo el mundo y existe la posibilidad de comprar y rentar referidos.

https://www.adzbazar.com/

Innocurret, otro portal veterano con un montón de años pagando tras sus espaldas, sin la necesidad de invertir y con la sola acción de ver buenos anuncios de publicidad podemos comenzar a ganar dinero que además si sumamos el 120% de comisión que se gana por referido puede ser el portal perfecto.

https://www.innocurrent.com/

ClixBlue, un portal que lleva en línea desde el año 2013 es válido para todo el mundo y en él vamos a poder ganar dinero para nuestas cuentas de Payza, Bitcoin, Neteller, Payeer o Skrill.

https://www.clixblue.com/

PaidToClick, portal que lleva en funcionamiento desde el año 2008 y válido para todo el mundo. En esta página podemos ganar dinero a paypal viendo publicidad y el mínimo de pago es de tan solo 0.05$.

https://www.paidtoclick.in/

JUGANDO

En esta sección vamos a tratar de explicar cómo ganar dinero jugando online, como bien sabemos, en la red existen infinidad de páginas en las que ganar dinero jugado y nosotros pretendemos enseñártelas, decirte cuales son las mejores y explicarte la manera más rápida para pasar un rato divertido mientras ganamos algo de dinero.

Entre las páginas que utilizamos podemos encontrar de varios tipos como juegos de estrategia, Juegos Flash en línea sin la necesidad de descarga y con unos bonos en los que nos van a regalar dinero tan solo por registrarnos he incluso las páginas de apuestas deportivas que tan de moda están en estos tiempos y hasta páginas de loterías.

También para las páginas de apuestas deportivas, tenemos unos bonos si es la primera vez que te registras, así que echa un vistazo y ve probando todas para finalmente quedarte con las que más te gusten y recuerda aprovecha los bonos que nos regalan en alguna página de manera totalmente gratuita para tratar de ganar un dinero!!!

Gratis

Esta sección va dedicada a ganar dinero jugando, juegos en los que no necesitaremos ingresar saldo, la misma página nos dará unos puntos diarios con los que jugaremos, apostaremos, etc. gratuitamente, podemos pasar un rato divertido a la vez que conseguimos interesantes regalos o incluso dinero.

A continuación, los voy a dejar un listado con las páginas para ganar dinero jugando que utilizamos, el cual será incrementado cuando usemos, analicemos y comprobemos otras páginas similares.

Playfulbet, una página en la que vamos a poder realizar apuestas deportivas totalmente gratis sin gastar un centavo, además, nos va a regalar fichas todos los días para que podamos apostar ya sé que apostar sin dinero no tiene emoción, pero ¿y si te digo que puedes ganar desde regalos hasta cheques de 50€ por PayPal? Esto ya le da más emoción eh, pues anímate y disfruta.

https://playfulbet.com/

MarketGlory, Uno de los mejores juegos de estrategia para ganar dinero, muy similar a la vida real en el que nuestro usuarios deberá ir a trabajar, le compraremos diferentes artículos como ropa, comida, armas… con los que lo equiparemos para realizar las grandes luchas de las arenas en la que por cada partida que ganemos cobraremos, pero eso no es todo porque este juego tiene infinidad de cosas para hacer la estrategia a tomar es la clave….

http://www.marketglory.com/

Apuestas Deportivas, Bingo, Poker, etc… Bonos Gratis

Esta sección vamos a ver diferentes páginas en las que podemos conseguir diferentes bonos para jugar de manera gratuita aunque también podemos ganar dinero jugando realizando algún depósito mínimo con el que tendremos acceso a otros bonos diferentes, aunque no exige grandes cantidades, particularmente es un lugar que me gusta bastante, ya que suelo probar suerte con lo que gano en otros sitios y lo hago de poco en poco.

A continuación, os dejo todas las páginas a las que le podemos sacar un buen partido, debido a los bonos que actualmente tienen disponibles:

Betfair (España y Latinoamerica), esta es mi casa de apuestas preferida ya que aquí puedo encontrar todo tipo de deportes desde pelota-mano, fútbol americano, golf, de todo, es una pasada lo que puedes encontrar, regalan 30$ de saldo para nuevos usuarios y además una de las cosas que también me convence siempre para jugar son sus promociones, hay una que está siempre que cuando te registras y haces tú primer ingreso, (minimo 10€), te lo doblan, otras palabras que metes 10€ y automáticamente sale en tu cuenta 20€ (hasta un máximo de 100), otra cosa muy interesante es un chat que tienen para resolver dudas, lo fuerte de todo es que escribas a la hora que escribas siempre hay alguien para resolver tus dudas.

https://www.betfair.com/

888 Poker (España y Latinoamerica), uno de los mayores portales de Poker en línea, con más de 10 años de experiencia en el que nada más por registrarnos de manera GRATUITA nos van a regalar 8€ o 8$ dependiendo del país que seamos, ya que es válido tanto para España como para diversos países de Latinoamérica y además, si realizamos un depósito nos van a dar el 100% del primer ingreso.

https://www.888poker.com/

William Hill Casino (España y Latinomérica), consigue bonos del 100% del primer ingreso o saldos gratis para comenzar a jugar en uno de los mayores casinos on-line del mundo, para conseguir grandes premios en metálico que podrás retirar por procesadores como PayPal, Neteller, Skrill y otros muchos…

https://casino.williamhill.com/

Paf, Un todo en uno tanto para Apuestas Deportivas, como para Bingo, Slots y muchos más. Portal seguro, portal fiable y un portal con grandes bonos que todos podemos aprovechar para ganar dinero, además de que parte de las ganancias las destina a proyectos colaborativos con los más desfavorecidos, así que lo recomendamos 100%.

https://www.paf.com/

Botemania, el juego de Bingo, Slots y Casino que está revolucionando este mercado con una interfaz muy sencilla, grandes promociones y posibilidad de ganar dinero jugando a los diferentes juegos si invertir.

https://www.botemania.es/

BITCOIN

El bitcoin es la moneda virtual por excelencia que todos los usuarios desean tener, cada vez se está extendiendo más y más a lo largo de todo el mundo, actualmente ya son cientos de tiendas on-line y comercios los que lo admiten como método de pago, cada día vemos más cajeros Bitcoin en las grandes ciudades, centros comerciales, etc.. y ya existen las tarjetas Visa o MasterCard en las que cargas Bitcoin y nos da la posibilidad de sacar dinero en la moneda de nuestro país desde cualquier cajero, así como realizar compras con ella.

Son decenas, sino cientos las ventajas que esta moneda nos ofrece ya que no entiende ni de gobiernos ni de fronteras, pudiendo enviar bitcoin de un país a otro a muy bajo coste y sin ninguna restricción en comparación a las típicas transferencias bancarias.

Entre los diferentes sistemas que existen para ganar bitcoin gratis, he enumerado una serie de ellos que actualmente estoy utilizando, todos absolutamente todos los lugares abajo indicados están totalmente probados y comprobados para que cualquier usuario los pueda utilizar sin ningún problema:

Sistemas PTC

FreeBitcoin: Es un portal de publicidad válido para todo el mundo que lleva en línea desde el año 2013 en el que podemos ganar bitcoin gratis cada 60 minutos y ya hemos recibido varios pagos.

https://freebitco.in/

CoinBulb: Se trata de otro portal de publicidad en el que cualquier usuario sea de donde sea puede participar, en él vamos a ganar bitcoin gratis viendo una serie de anuncios de publicidad.

http://coinbulb.com/

FreeDogecoin: En esta ocasión tenemos un portal con varios años en el sector y válido para todo el mundo muy similar a Freebitcoin, en el que en vez de ganar bitcoin vamos a ganar otra **criptomoneda denominada Dogecoin**, la cual vamos a poder intercambiar posteriormente por bitcoin.

https://freedoge.co.in/

BTCClicks: Una página en la que también vamos a ganar bitcoin gratis cuando visualizamos diferentes anuncios de publicidad, es válida para todo el mundo y lleva en línea desde el año 2013.

https://btcclicks.com/

adBTC: Al igual que los anteriores comentados adBTC es un portal válido para todo el mundo el cual nos va a permitir ganar bitcoin de tres maneras diferentes, entre las que se encuentra: Un sistema similar al de cualquier PTC, un apartado de surf donde ganamos bitcoin de manera automática y por último otro apartado donde vamos a ver diferentes páginas por las que también nos van a dar bitcoin gratis.

https://adbtc.top/

Bitter.io: Otro sitio en el que nos van a dar bitcoin gratis realizando la misma operación, es decir, viendo diferentes anuncios publicitarios, lleva operando desde el 2015 y cualquier usuario puede participar.

https://bitter.io/

BitGames: Un un lugar donde nos dan la opción de ganar bitcoins gratis cada 60 minutos o cada 10 minutos para adecuarlo a nuestro sistema de trabajo y también es válida para todo el mundo.

https://bitgames.io/

TrustBTCFaucet: Una excelente faucet la cual nos permite ganar satoshis de bitcoin cada 5 minutos. Válida para todo el mundo y acepta cualquier monedero de bitcoin.

https://www.trustbtcfaucet.com/

Familia Moon: 5 faucet del mismo estilo en donde podemos ganar diferentes criptomonedas en cada una. Nos pagan automáticamente a nuestro monedero de CoinPot y no tenemos mínimo de pago.

https://www.moon.family/

Bonus Bitcoin: Una faucet que nos permite ganar satoshis de bitcoin cada 15 minutos. Además si somos activos reclamando satoshis nos premiarán con un 5% extra de todo lo ganado en los últimos 3 días.

https://bonusbitcoin.co/

Bit Fun: Faucet tipo acumulativa que nos permite ganar satoshis de Bitcoin totalmente gratis. También contamos con muros de ofertas para incrementar nuestras ganancias y juegos flash para entretenernos y pasar un buen rato.

https://bitfun.co/

INVERSION

Te voy a mostrar aquellas páginas que he utilizado para invertir y ganar dinero.

Son muchas las veces que me preguntan en que páginas invertir para ganar dinero, yo al igual que trabajo páginas para ganar dinero de manera gratuita también trabajo otras que precisan de inversión, por lo tanto, en esta ocasión voy a enumerar todas aquellas páginas que tengo probadas y que pienso que pueden ser utilizadas por todos los usuarios para tratar de ganar algo de dinero.

Entre las páginas que podemos encontrar las hay de todo tipo y pueden ser desde inversiones en el sector inmobiliario, inversiones en monedas virtuales (Criptomonedas), CDF, Forex, pasando por la adquisición de acciones en diferentes empresas así como compra de publicidad y mucho más.

Antes de continuar, tienes que saber que aunque aquí haya una serie de páginas las cuales repito, están probadas y actualmente están pagando tenemos que tener en cuenta que todas las inversiones conllevan un riesgo y que debemos asumirlo desde el mismo momento en que realizamos nuestro primer depósito, por eso, los invito a que investiguen donde y como invertir dinero en páginas web para ver los riesgos que pueden existir. **https://www.derrotalacrisis.com/donde-invertir-mi-dinero/**

Prosiguiendo con el artículo, voy a enumerar aquellas páginas que personalmente estoy trabajando y con las que con una mínima inversión las vamos a poder probar en primera persona, para obtener nuestros primeros resultados.

Criptomonedas, una inversión en criptomonedas puede ser buena o mala, pero lo que te aseguro con este portal, es que tu inversión va a estar en un lugar seguro con más de 12 años de experiencia ofreciendo las mejores inversiones a todos sus usuarios, si lo que quieres es invertir en criptomonedas, este es el sitio ideal https://www.derrotalacrisis.com/donde-invertir-criptomonedas/

Housers, es un portal de inversión inmobiliaria con el cual vamos a ganar un porcentaje de la inversión realizada mes tras mes. El concepto de la inversión es la compra de inmuebles para su posterior alquiler y venta generando unos beneficios a la empresa que son los que comparte con nosotros.

https://www.housers.com/

Coinc, un portal de Inversión Bancaria perteneciente al grupo Bankinter en el que nos pagan un 0.30% TAE por el dinero que tenemos dentro, lo bueno, además de las diferentes promociones que saca es que el dinero lo podemos retirar cuando nosotros lo deseemos sin tener que esperar ningún tipo de plazo o compromiso.

https://www.coinc.es/

En las páginas de Invertir y Ganar Dinero lo mejor es ir probando con una inversión mínima todas y cada una de ellas aprovechando los bonos que nos ofrecen, de esta manera, vamos a ver por cuál de ellas optamos para trabajarla más a fondo y lo mejor acogernos a esos bonos que muchas de ellas tienen disponibles para nosotros.

En la mayoría de ellas está totalmente prohibido hacer multicuentas por lo que el crear dos cuentas de una misma IP os puede dar problemas, nunca lo hagas ya que pones en riesgo nuestra cuenta y sinceramente no merece la pena hacerlo...

Y sobre todo lo que les digo siempre, realizar las inversiones con cabeza es mejor tener un poco de dinero invertido en diferentes páginas que tenerlo todo en la misma por mucho que les guste una, así en caso de que ocurra cualquier cosa les van a quedar más balas en la recámara para continuar ganando dinero.

FOREX

Para los que deseen comenzar a operar divisas y aprender a operar los mercados del Forex, en esta sección les muestro las páginas con las que muchos usuarios han comenzado a lograr sus mayores éxitos, ya que algunas de ellas contienen herramientas y cursos únicos para comenzar desde cero.

eToro, una de las mejores plataformas de Trading Social en la que existe la posibilidad de poner a trabajar nuestro dinero de manera automática, copiando a otros traders que se encuentran dentro de la propia plataforma.

https://www.etoro.com/

IQ Option un portal que nos va a permitir operar opciones binarias desde países de Todo el Mundo y con un mínimo de ingreso realmente bajo.

https://iqoption.com/en

IQ Option lleva en línea desde el año 2013 operando con la mayor satisfacción para el usuario, como la gran mayoría de estos portales, se encuentra registrado en Chipre respondiendo al nombre de IQOption Europe Ltd. Además, como dato de interés, podemos decir que es patrocinador oficial de Aston Martin y cuenta en su haber con más de 12 prestigiosos premios que han sido otorgados entre otros por: Mobile Star Awards, IFM Awards, Global Brands Magazine, MasterForex, etc…

IQ Option se encuentra registrado en los siguientes estamentos para garantizar la máxima seguridad:

En la Cysec (Cyprus Securities and Exchange Commission). Es el órgano encargado de regular el mercado financiero de Chipre, acogiéndose a las normas establecidas dentro de la Unión Europea y Chipre.

En la CNMV (La Comisión Internacional del Mercado de Valores). Este es el órgano que se encarga de supervisar he inspeccionar todos los mercados de valores y la actividad de los estamentos que intervienen en los mismos.

En la ICF, (Investor Compensation Fund) se trata de un órgano de compensación que cubre hasta 20000 $/€ en caso de que haya pérdidas ocasionadas por la empresa, mal funcionamiento, cierre, etc…

IQ Option es el broker online líder en el mercado de las opciones binarias, contando actualmente con más de 14 millones de usuarios, operando en Todo el Mundo y realizando cada día más de 34 millones de transacciones.

MetaTrader es una plataforma de trading que destaca por su facilidad de manejo y por adaptarse a cualquier tipo de inversores, desde los más novatos a los profesionales. Al día de hoy, esta plataforma es la gran referencia del mundo de la inversión financiera a la hora de hablar de plataformas de trading.

https://www.metatrader4.com/en

ImarketsLive un portal en el que vamos a aprender a operar Forex, donde vamos a encontrar multitud de material y herramientas que nos van a permitir realizar un trading más fácil, entre ellas una herramienta con la que vamos a recibir señales de manera automatizada donde se nos indica cuando comprar en el mercado y a qué precio comprar para que un gran porcentaje de nuestras operaciones finalicen de manera exitosa.

http://www.imarketslive.com/

Además de aprender a operar en los mercados financieros con las herramientas que ImarketsLive nos provee, esta plataforma ha logrado unir el mundo del Forex con el Network Marketing creando un sistema único en con el que ganar dinero tanto por nuestro trading diario gracias a lo que aprendemos en la academia y sus herramientas, como por los diferentes planes de compensación que tiene la propia plataforma. (No es necesario realizar NetWork Marketing, con las herramientas que hay en la academia podemos ganar dinero operando en los mercados del forex que es principalmente por lo que la vamos a trabajar).

ImarketsLive pertenece a la empresa International Markets Live LTD, fundada en el año 2012 por Christopher Terry un exitoso trader que ha conseguido operar con más de 85 millones de dólares en los últimos 22 años y se encuentra inscrita en Inglaterra, en la siguiente dirección:

International Markets Live LTD.

3rd Floor 207 Regent St.

London W1B 3HH

United Kingdom

HotForex pertenece a la empresa IC Markets Ltd. con sede en Mauricio tendiendo extensiones de la misma en otros países para cumplir con la legislación vigente en cada continente. En Europa consta como HF Markets (Europe) Ltd. que responde al siguiente número de identificación 277582 y como la mayoría de los Broker On-line que operan dentro de Europa, se encuentra ubicado en Chipre exactamente en la ciudad de Larnaca.

https://www.hotforex.com/

Este broker O-line, lleva en línea desde el año 2008 ampliando sus fronteras y operando actualmente en todo Europa y Latinoamérica, con un gran éxito.

Además de todos estos datos puedo decir que HotForex se encuentra registrado en los siguientes estamentos:

En la CNMV (La Comisión Internacional del Mercado de Valores). Este es el órgano que se encarga de supervisar he inspeccionar todos los mercados de valores que hay en España y la actividad de los estamentos que intervienen en los mismos.

En la Cysec (Cyprus Securities and Exchange Commission). Es el órgano encargado de regular el mercado financiero de Chipre, acogiéndose a las normas establecidas dentro de la Unión Europea y Chipre.

En la FSC (Comisión de Servicios Financieros de la República de Mauricio). Es el órgano encargado de regular el mercado financiero en la República de Mauricio.

También, en todos estos años HotForex ha logrado grandes premios, en concreto más de veinte con los que ha logrado destacar entre otros muchos Brokers, actualmente tiene más de 400.000 cuentas de usuarios, cuenta con más de 140 empleados, el portal esta en 24 idiomas diferentes y como he dicho al inicio tiene un soporte muy bueno en Español, Ingles y Alemán.

Por supuesto, vamos a poder descargar de manera totalmente gratuita y operar con la plataforma

Metatrader4 en PC (Windows, Mac y Linux) así como para Móvil y tablet (IOS o Android).

Umarkets tu plataforma trading, con herramientas únicas y un espectacular bono del 30% del primer ingreso sin límite.

https://www.umarkets.com/es/

Umarkets es un broker online especializado en Forex que contiene más de 40 pares de divisas de los mercados más punteros como Estados Unidos o Europa entre otros, además, también nos permite operar con materias primas entre las que encontramos el Oro, Gas, Oil y muchas otras.

Umarkets pertenece a la empresa Maxi Services LTD. Fiscalizada de manera internacional por la ISF, para los que no lo sepáis, se trata de la Comisión de Servicios Financieros Internacionales de Belice respondiendo a la normativa vigente. Su sede principal se encuentra en la siguiente dirección: "35 New Road, Belize City, Belize".

Una de las características que puedo destacar en la plataforma Umarkets, es que en comparación a otras mejora mucho su funcionabilidad, dispone de un webtrader muy funcional y sobre todo fácil de utilizar, pudiendo abrir, cerrar o poner diversas órdenes en cuestión de segundos, además de permitirnos crear análisis en diversos usos horarios para sacar las tendencias de cada par que vayamos a operar y todo sin la necesidad de realizar ninguna descarga.

Pero esto no es todo, porque si lo que queremos es crear un análisis más profundo, Umarkets también nos permite utilizar una de sus herramientas estrellas totalmente Gratuita, llamada Chart Station, donde vamos a poder analizar con más profundidad utilizando: Fibonanaci, Líneas de Tendencia, Elipses, Rectángulos, MACD, Ondas de Elliot y mucho más.

SUBASTAS

Existen páginas de subastas en las que podemos vender productos, conseguir bonos, puntos, comisiones por recomendaciones, etc… por eso en esta sección vas a encontrar aquellas páginas en las que se puede ganar un dinero e incluso vender aquellos productos que no utilizas.

CataWiki que es y como funciona, un portal en el que podemos ganar dinero vendiendo artículos que ya no utilizamos o que no necesitamos.

https://www.catawiki.com/

CataWiki tiene una particularidad que lo hace especial y es que todos los productos que vamos a vender lo hacemos mediante un sistema de pujas donde nuestros objetos son sacados a la venta por subastadores profesionales pudiendo lograr con ello un mayor valor del precio fijado y lo que es mejor, en según qué productos podemos añadir un precio de reserva que hará que nuestros artículos no sean mal vendidos a precios ridículos.

CataWiki es una empresa líder en este mercado que está en continua expansión, fue creada en el año 2008 por el holandés René Schoenmakers en la que solamente se subastaban artículos tipo comic y similares pero en el año 2011 dio un gran paso cuando comenzó a añadir muchas más categorías de artículos, esto hizo que ampliara la cantidad de usuarios que utilizaban el sitio logrando que CataWiki sé internacionara para finalmente hoy por hoy logre facturar más de 82 millones de dolares.

CataWiki se está registrado en Países Bajos (Holanda), además, está inscrito en el VIES como comerciante intracomunitario dentro de la Unión Europea y se encuentra en la siguiente dirección: Catawiki B.V. Noordersingel 33 9401 JW Assen.

Wellbid que es y cómo funciona, un portal de pujas y subastas donde con una buena estrategia puedes ganar dinero adquiriendo productos a bajo precio.

http://wellbid.com/

Wellbid un portal de subastas donde realizamos pujas enfrentándonos a otros usuarios en la compra de diversos productos a bajo precio para ahorrarnos un dinero o venderlos en wellbid y ganar la diferencia por PayPal. Entre los productos que podemos encontrar tenemos Tarjetas Amazon de varios precios, pasando por juguetes, tecnología o productos de belleza y salud.

Wellbid pertenece a Sociedad Welmory Limited con sede en Nicosia P.C., Chipre. 1065 Arch. Makariou III, 2-4/703, inscrita en el registro de empresarios bajo el número HE 245903 adoptado por el Ministerio de Energía, Comercio, Industria y Turismo, Departamento del Registro de Sociedades.

NETWORK MARKETING

Un apartado dedicado única y exclusivamente al mundo Multinivel o también denominado MLM o Network

Marketing donde vamos a englobar aquellos negocios que podemos desarrollar desde nuestro domicilio para crear una red de mercadeo que nos proporcione grades comisiones, aquí vamos a tener negocios multinivel de todo tipo.

Si está pensando en involucrarse en alguna oportunidad de network marketing, debe leer Los Nuevos Profesionales, de Charles King y James Robinson. Se trata de la mejor y más actualizada fuente de información -escrita con la mayor autoridad- acerca del estado del network marketing en el siglo XXI.

Como afirman los autores en estas páginas, el network marketing ha sufrido por largo tiempo un vaciamiento informativo. Las organizaciones del comercio no han llevado estadísticas confiables. Las escuelas de negocios y las principales corrientes de las publicaciones financieras no han sido capaces de reconocer la existencia de esta industria. Medios con buena circulación pero menor nivel, se han enfocado en el MLM sólo cuando surgía algún escándalo jugoso para informar.

El hecho de que en la actualidad esas circunstancias estén cambiando, se debe mayormente al esfuerzo personal de dos hombres: los autores del presente libro. Graduado en la Escuela de Negocios de Harvard con un doctorado en administración de empresas y profesor de marketing de la Universidad de Illinois, en Chicago (UIC),

Charles King ha hecho investigaciones profundas sobre MLM, realizando la recopilación de datos más confiable y completa de esta esquiva industria. Como vicepresidente sénior y consultor del presidente de la Cámara de Comercio de Estados Unidos, James Robinson ha resultado ser un predicador de inusual influencia para el network marketing, a través de sus best sellers: El Fenómeno Excel, Imperio de libertad-la Historia de Amway y lo que Significa para Usted, y Receta para el Éxito.

King y Robinson escriben sobre el networking como observadores objetivos y eruditos, y no por propio interés como participantes. Ellos han recopilado un surtido de hechos, que demuestran más allá de cualquier duda que, en el siglo XXI, el MLM será un importante vehículo para quienes buscan auto-emplearse, poseer un negocio propio, y ser independientes financieramente. También ofrecen útiles imágenes de compañías líderes, que muestran con sensata conciencia las fortalezas y debilidades de cada una.

A lo largo de los años, he examinado muchos libros de network marketing, los buenos, los malos y los muy malos. Los Nuevos Profesionales es lo más cercano que he encontrado a una fuente de información precisa acerca del MLM, del tipo todo en un solo lugar. Para el emprendedor serio que lleva adelante el debido trabajo arduo de esta actividad, resultará una herramienta indispensable. Para el principiante curioso, disponiéndose a explorar los misterios de esta actividad, será una iluminadora introducción, de muy fácil lectura.

Richard Poe, autor de Ola 3: la Nueva Era en Network Marketing, Ola 4: el Network Marketing en el Siglo XXI, El liderazgo en el Network Marketing al Estilo Ola 4. (King & Robinson, 2006)

LAS PIONERAS: LÍDERES DE LA INDUSTRIA DEL NETWORK MARKETING

Las empresas líderes se caracterizan por sus antecedentes relativamente importantes de éxito en el network marketing, por sus grandes volúmenes de venta y organizaciones de distribuidores, y por la estabilidad de su staff gerencial; también pueden cotizar en la bolsa de valores. Como punto de corte arbitrario, empleamos además el monto de las ventas minoristas anuales superiores a los mil millones de dólares como evidencia de la importancia e impacto en el mercado. (King & Robinson, 2006)

Amway

No es probable una sobreestimación del impacto que Amway ha tenido ya sea en casi todos los aspectos del network marketing, como sobre los negocios estadounidenses y el triunfo del estilo empresarial de este país en todo el mundo. Sus fundadores la llamaron "su loca idea" y seguramente parecía así en 1959 cuando los socios Rich DeVos y Jay Van Andel comenzaron un negocio literalmente desde abajo —en el sótano de sus hogares en la comunidad predominantemente holandesa de la ciudad de Ada, Michigan. (King & Robinson, 2006)

Excel Comunications

La intersección entre el canal de distribución del network marketing y la comunicación tele- fónica de larga distancia en expansión a un área más amplia de telefonía, puede ser una de las grandes colisiones en la evolución de estos dos fenómenos del siglo veintiuno. (King & Robinson, 2006)

Forever Living Products international

Forever Living es el fabricante mundial más grande de productos de aloe vera y de productos de colmena; incluye bebidas nutritivas, suplementos, productos de cuidado de la piel y cosméticos. La división Forever

Resorts se ha diversificado incorporando la administración de propiedades recreativas, con énfasis en la relajación y la vida saludable en ambientes naturales, como apoyo a la organización de distribuidores Forever Living y como centro de ingresos alternativos. (King & Robinson, 2006)

Herbalife

Herbalife es una compañía multinacional de nutrición con ventas anuales de casi 1.700 millones de dólares. La compañía nació por la tragedia personal de Mark Hughes. Cuando tenía dieciocho años, su madre murió por una sobredosis accidental de pastillas para adelgazar. Eso convenció al carismático fundador de la compañía a dedicar su vida a ayudar a otras personas a perder peso y mejorar su salud en forma segura y efectiva. (King & Robinson, 2006)

Mary Kay

Al igual que otras importantes compañías de network marketing, Mary Kay Inc. obtuvo su identidad inicial e impulso de una fundadora extremadamente carismática y visionaria: Mary Kay Ash. Su historia es material de leyendas. (King & Robinson, 2006)

Nikken

Nikken es una de las compañías de venta directa/network marketing más grandes del mundo. El posicionamiento de Nikken en la industria es impresionante, si se consideran los hitos de desempeño presentados por los voceros de la compañía. (King & Robinson, 2006)

Nu Skin Enterprises

Nu Skin Enterprises Inc. ha pasado de ser un pequeño proyecto inicial estadounidense a convertirse en una corporación multinacional con casi mil millones de dólares en ventas anuales. En 1984, Blake Roney cofundador de Nu Skin, acababa de terminar la universidad cuando reunió a un pequeño grupo de profesionales para desarrollar una línea de productos de cuidado personal de primera calidad, con la premisa de utilizar únicamente componentes beneficiosos. (King & Robinson, 2006)

Primerica Financial Services

Primerica fue fundada sobre la filosofía de "comprar a término e invertir la diferencia. "Es decir, comprar seguros temporales de vida de costo menor, comparados con un seguro corriente, e invertir los ahorros. Como referencia del año 2000, Primerica vende seguros de vida y otros productos financieros a más de seis millones de clientes mediante una fuerza de distribución de más de 140.000 analistas financieros personales que ganan comisiones por sus propias ventas y por las de las personas que asocian para vender. Para apoyar el objetivo de "invertir la diferencia", Primerica ofrece a sus representantes inversiones en títulos, a través de PFS Investments en Estados Unidos, y PFSL Investments Canadá, Ltd. (King & Robinson, 2006)

Las pioneras

- Amway: www.amway.com

- Excel: www.excel.com
- Forever Living Products: www.foreverliving.com
- Herbalife: www.herbalife.com
- Mary Kay: www.marykay.com
- Nikken: www.nikken.com
- Nu Skin Enterprises: www.nuskinenterprises.com
- Primerica: www.pfsnet.com
- Shaklee: www.shaklee.com

LAS ESTRELLAS EN ASCENSO

ACN: www.acninc.com

Avon: www.avon.com

CellTech: www.celltech.com

Changes International: www.changesinternational.com

FreeLife International: www.freelife.com

Jaira Cosmetics International: www.jafra.com

Life Plus: www.lifeplus.com

Mannatech: www.mannatech.com

Market America: www.marketamerica.com

Melaleuca: www.melaleuca.com

Morinda: www.morinda.com

Nature's Sunshine Products: www.naturessunshine.com

ELEGIR UNA COMPAÑÍA DE NETWORK MARKETING

Si después de evaluar la industria del network marketing en un nivel macro y examinar sus propias necesidades, objetivos, fortalezas y debilidades en el micronivel, usted decide que le gustaría participar de esta actividad ¿cómo elegir entre las innumerables compañías que están ansiosas de obtener su participación? Nos dedicaremos a este tema cantico ahora. (King & Robinson, 2006)

El primer paso: defina su objetivo

Cuando juzgue cualquier negocio, necesita definir lo que quiere de él. ¿Lo impulsan los beneficios —quiere desarrollar un negocio con valor a largo plazo? ¿O lo impulsan las ganancias —quiere flujo de dinero? (King & Robinson, 2006)

El segundo pasó: investigar la industria e identificar compañías que constituyan una meta

Cientos de compañías han ido y venido en los últimos veinte años. Los fracasos suceden por productos débiles, gestión pobre y falta de capital suficiente. Sólo un puñado de compañías son miembros del Club de los Mil Millones de Dólares. (King & Robinson, 2006)

Como el network marketing es sometido a una inspección reguladora y legal especialmente dura, también es una buena idea ver cómo soporta su presunta compañía ese escrutinio. Verifique en la DSA (www.dsa.org) si la empresa es firmante del código de ética de esa organización. Navegue por la World Wide Web para ver qué dicen los medios sobre la empresa, y revise lo que dicen los foros de chat y los sitios dedicados al network marketing. Si es una compañía que cotiza en bolsa, visite los numerosos sitios de inversores para analizar la visión que tiene Wall Street de esa compañía.

Sea justo cuando realice este análisis. Comprenda que muchas quejas surgen de distribuidores descontentos que simplemente no trabajaron lo suficiente y echan culpas, o bien surgen de procuradores generales o fiscales con ambiciones políticas que hacen públicas ciertas quejas que llegan a sus oficinas, para demostrar que son campeones para el consumidor promedio. (King & Robinson, 2006)

El tercer paso: realice un chequeo "pre-vuelo"

Una vez que ha identificado una compañía para asociarse, siga esta lista de chequeo:

1. Primero, preste atención al historial de ventas. ¿La compañía está en rápido crecimiento o ha llegado a una meseta? ¿Está creando con éxito nuevos productos y se está diversificando?

2. Su compañía debería ser financieramente estable y con saldo positivo. Debería contar con un registro de antecedentes de tres a cinco años de operaciones, y ser miembro de la DSA sin problemas regulatorios vigentes.

3. Busque una compañía conocida por su distribución computarizada, que haya abrazado la era de Internet.

4. En cuanto a las compensaciones, creemos que el plan ideal es el que permite asociar a todas las personas posibles en su línea frontal. Y los mejores planes también pagan comisiones por cinco o más niveles. Cada nivel adicional puede aumentar geométricamente su ingreso. (King & Robinson, 2006)

El cuarto paso: conozca su producto —¡llámelo!

Cuando intente asociar distribuidores, necesita que ellos confíen en que el producto será fácil de vender. Debe ser más que bueno —debería ser único.

Sería ideal que solamente se pudiera conseguir por medio de su compañía de network marketing, para que los distribuidores sepan que no compiten contra negocios minoristas. Debería existir una necesidad por ese producto en un amplio segmento de la población, En la actualidad, el blanco preferido es la generación de baby boomers. El producto ideal hace que los clientes satisfechos regresen. La frecuente repetición de pedidos ha sido crucial para el éxito de los productos más importantes. Una estrategia clave es lograr que las personas redireccionen sus gastos. Convenza a personas que ya utilicen desodorante, champú y servicio telefónico de larga distancia de que cambien a su red distribuidora de calidad superior.

Lo más importante es que tiene que ser un producto con el que realmente usted se apasione. Debe creer en él para tener éxito, porque en ventas, "nada vende como la sinceridad." (King & Robinson, 2006)

El quinto paso: ábrase a la capacitación

No ingrese a este negocio como sabelotodo. Puede aprender del éxito y la experiencia que pueda haber logrado en el mundo comercial o profesional, pero el network marketing es una cultura única. Aprenda de quienes perfeccionaron este negocio y sobresalieron.

En el network marketing, debe aprender las habilidades del arte de vender y cómo construir una red de asociados: invitar, presentar, cerrar, capacitar, apoyar y motivar.

El network marketing es un juego de números. El rechazo y la rotación de personas son realidades de la profesión. Solamente entre un 5 y un 10 por ciento de la población tendrá éxito. El desafío es encontrar y desarrollar a esas personas. (King & Robinson, 2006)

El paso final: encuentre mentores

Una vez que haya identificado una buena compañía; estudiado su reputación, línea de productos y plan de compensación; y que haya determinado que se trata de una organización a la que se asociaría orgulloso, con productos que cree que realmente pueden marcar una diferencia para la gente, ¿cuál es el próximo paso? Encontrar a los líderes mentores en su línea de auspicio o en su compañía, que lo ayuden a aprender cómo crear su propia organización. (King & Robinson, 2006)

Durante los últimos diez años, el network marketing se ha convertido en un canal de distribución estable y reconocido por su velocidad y eficacia en la captación del mercado. Se ha desarrollado una importante comunidad de empresas de network marketing especializadas. La actividad está siendo integrada a las estrategias de distribución de las principales compañías tradicionales de marketing.

El network marketing también se adopta como oportunidad profesional alternativa -a tiempo parcial o completo— entre los Nuevos Profesionales que buscan, a modo de carrera, caminos y opciones de ingresos alternativos. Es totalmente compatible con el renovado enfoque en la familia, estilo de vida, planificación de jubilación y flexibilidad de tiempo.

Aprovechando las más amplias tendencias económicas, tecnológicas y de estilos de vida, el network marketing seguirá creciendo de manera sustancial, lo que mejorará su imagen y posición comercial y atraerá legiones de profesionales calificados. La mayoría iniciará estos negocios a tiempo parcial, y luego trabajará a tiempo completo siempre y cuando su nivel de éxito y otras fuentes de ingreso lo permitan. Muchos se jubilarán anticipadamente en sus profesiones iniciales, estirando aún más las tendencias demográficas desfavorables que enfrenta el conjunto de la economía. (King & Robinson, 2006)

TAREAS

Una particular forma de ganar dinero por internet basada en la realización de diversas tareas como realizar ofertas, ver vídeos, completar diversas ofertas, etc.. algo más complicado que las de ver anuncios pero la remuneración es superior y basta con un poco de experiencia para comenzar a generar ingresos.

Offernation, un portal válido para todo el mundo en donde podemos ganar dinero totalmente gratis realizando diferentes tipos de tareas gracias a la gran cantidad de paneles que nos ofrecen.

http://www.offernation.com/

Offernation en el cual podemos realizar diferentes tipos de trabajos como por ejemplo ver anuncios, escuchar la radio, contestar encuestas, realizar ofertas etc. La verdad es que nos ofrecen una variedad de muros de ofertas y lo mejor de todo es que el mínimo para solicitar un pago es de tan solo 1$.

Un dato interesante de esta página es que es gestionada o administrada por los mismos dueños de Superpay.me, (página del mismo estilo con varios años en el mercado y pagando sin problemas). La empresa que la gestiona es 99 Ventures Ltd. ubicada en la ciudad de Londres (Inglaterra) en Suite 36, 88-90 Hatton Garden. Además, Offernation actualmente cuenta con más de 109109 miembros y ha pagado más de $255,607.38. Con todas las cualidades de éste portal más sus estadísticas, sin duda que Offernation es un negocio al cual le podemos sacar bastantes beneficios.

Get-Paid un portal para ganar dinero viendo anuncios, haciendo tareas, etc… en el que podemos cobrar mediante PayPal, Bitcoin o Tarjetas Amazon entre otros.

https://www.get-paid.com/

Nos ofrece diferentes maneras para hacerlo como: Viendo anuncios, realizando ofertas, haciendo encuestas, viendo vídeos, realizar registros, descargar app entre otras muchas opciones.

Esta es una página que se encuentra en funcionamiento desde el año 2005 en donde ganaremos puntos por cada trabajo realizado para después poder intercambiarlos por dinero en efectivo. Además si eres un usuario activo, puedes beneficiarte bastante, ya que podrás ir subiendo de nivel y así poco a poco conseguir ganar más monedas.

Get-Paid es propiedad de Sight Media Inc. and Raz Weizmann 75 Finchley Lane, con registro en Londres Nw4 1by Reino Unido. +442034682571.

SuperPay.me un portal para ganar dinero viendo anuncios, haciendo tareas, etc… en el que podemos cobrar mediante PayPal, Bitcoin o Tarjetas Amazon entre otros.

https://www.superpay.me/

Nos ofrece diferentes maneras para hacerlo como: Viendo anuncios, realizando ofertas, haciendo encuestas, viendo vídeos o participando en diferentes concursos entre otras muchas opciones.

Una de las características de SuperPay.me es que lleva en línea desde el año 2012 pagando a todos los usuarios implantando nuevos métodos de pago como PayPal, Bitcoin, Tarjetas Amazon, Payza o Skrill abriendo de esta manera la participación a usuarios de cualquier parte de mundo, porque como sabemos en unos países nos viene mejor cobrar por un procesador u otro y precisamente SuperPay.me ha añadido a mi entender los mejores procesadores que existen en la actualidad.

SuperPay.me pertenece a la empresa 99 Ventures Ltd. ubicada en la ciudad de Londres (Inglaterra) en Suite 36, 88-90 Hatton Garden. Como hemos comentado en anterioridad lleva desde el año 2012 Online y actualmente cuenta con más de medio millón de usuarios.

TimeBucks una página un poco singular en la que vamos a ganar dinero como ya lo solemos hacer en otras páginas de una forma muy sencilla como ver anuncios, hacer encuestas, realizando tareas, viendo vídeos o jugando así como otras formas tan peculiares que pueden ser haciendo selfies, realizando vídeos sobre su portal, instalando su propia extensión de Chrome u otras opciones que ponen a nuestra disposición y todo esto en un único portal.

https://timebucks.com/

TimeBucks es válido para todo el mundo, entre sus métodos de pago encontramos PayPal y con un mínimo de pago de tan solo 10$ que no vamos a tardar mucho en conseguir debido a la gran variedad de acciones remuneradas que podemos encontrar.

Además de todo esto, TimeBucks tiene una particularidad que no encontramos en portales de este estilo y es que cuenta con 5 niveles de referidos con los cuales vamos a poder aumentar nuestras ganancias de manera considerable y ya sabes que llenar todos esos niveles de referidos nunca ha sido tan fácil.

Spare5, un portal para ganar dinero en nuestra cuenta de PayPal realizando sencillas tareas y lo mejor, es válida para todo el mundo.

https://app.spare5.com/

Realizando una serie de tareas la mayoría de ellas muy sencillas que vamos a poder hacer en nuestro PC o en el teléfono móvil desde cualquier lugar del mundo.

Spare5 es un portal afincado en Estados Unidos exactamente en Seattle (Washington), que ha recibido el apoyo de empresas como Madrona Venture Group, NEA y Foundry Group, empresas impulsoras he inversoras de negocios on-line con grandes expectativas, este fue puesto en marcha a mediados de 2014 y es en 2015 cuando más fuerza esta cogiendo dando la posibilidad a todos sus usuarios de ganar dinero por internet.

Unas de las características de este portal son sus pagos que son realizados cada viernes de manera automática a nuestra cuenta de PayPal siempre y cuando hayamos alcanzado la cantidad mínima de 1$, por lo tanto, conseguir pagos semana tras semana va a ser bastante sencillo y rápido.

Gift Hunter Club, página de registro gratuito para ganar dinero online para todo el mundo que forma parte de Innovative Hall, fue puesta en el mercado online a finales de 2012, consolidada en el mercado y con muy buenas impresiones por los usuarios, cuenta ya con más de 100.000 afiliados. Es una de las páginas de ganar dinero más completa ya que nos da la posibilidad de Ganar Dinero por Jugar, ver vídeos, rellenar encuestas, hacer referidos, descargar aplicaciones para el ordenador o el móvil y muchas cosas más.

https://gifthunterclub.com/

Esta web funciona mediante puntos que nos darán por realizar cualquier acción en ella, estos son intercambiables por cheques regalos, dinero en paypal o por participaciones para concursos, ¡si concursos! realiza mensualmente unos concurso en los que sortean Play Station4, Ipad, etc. Estos concursos son totalmente legales ya que compras unas participaciones, que llevan su número correspondiente y para ganar estos tienen que coincidir con los tres últimos dígitos del boleto de la lotería (ONCE).

CASHBACK

Si eres de los que alguna vez por rara que sea compra por internet, olvídate de buscar las tiendas en un buscador cualquiera, a través de páginas como Beruby o similares podrás aprovechar todas las ofertas de la red y además conseguir una cantidad de dinero considerable ya que este tipo de páginas comparten sus ingresos de publicidad con nosotros.

Cashback es una modalidad promocional de ventas online, en la que podemos encontrar descuentos en algunos productos del 60%, 70%, 80% y hasta el 90% pero la particularidad principal es que las empresas comparten con nosotros sus ingresos por publicidad, es decir hay sitios web dedicados a ventas online que la única propaganda que tienen es el boca a boca por lo tanto para hacerse oír lo que hacen es pagar entre los compradores una parte proporcional de sus ingresos por publicidad, podemos encontrar diferentes sitios en los que llegan a repartir hasta el 95% de sus ingresos. Además no solo pagan por comprar o por que compren nuestros amigos sino que pagan por muchas cosas más que les explico más adelante.

Existen multitud de sitios de ventas con modalidad de cashback (en la parte de abajo te dejo una lista), el funcionamiento de estas web es el siguiente, ellos ponen publicidad de diferentes tiendas ejemplo. Media Markt, Ikea, El Corte Ingles, Carrefour,.. Estas empresas pagan dinero a las páginas web de ventas para publicitarse, pues ese dinero es el que las páginas de cashback comparten con nosotros.

Entre la multitud de páginas con modalidad Cashback las podemos encontrar de diferentes modalidades, normalmente en casi todas nos permite hacer afiliados, que consiste en invitar a nuestros amigos, cuantos más mejor y crear nuestra propia red, para que cualquier beneficio generado por cualquiera de ellos se reparta entre la red. Algunas páginas cuentan con redes de 2 niveles de referidos y otras hasta 12 niveles, esto quiere decir que haremos amigos en primer lugar, luego amigos de amigos en segundo lugar, después, amigos de amigos de amigos así hasta 12 viajes, en las que más.

A mi particularmente me gusta trabajar con las páginas que más niveles tienen, así tengo la posibilidad recibir dinero todos los días si no es por mis acciones, por las de otros.

Como ganar dinero en internet haciendo Cashback, en estas páginas no solo nos pagan por comprar o por que compren nuestros amigos también tenemos la posibilidad de ganar dinero viendo vídeos, visitando paginas a través de ellos, chateando, utilizando su buscador de internet, en algunas nos pagan hasta por jugar a los juegos que tienen (Angry Birds, Candy Crush Saga…) entre otros. En realidad son unas páginas muy completas y de las que podemos sacar grandes rendimientos, date cuenta que las páginas de Cashback a lo único que se dedican es a hacer publicidad les da igual que sea de compras que de juegos que de lo que sea, ellos cuantas más interactuaciones tengan en su página más ganan y si encima nos pagan a nosotros por interactuar pues perfecto, ¿no crees?

Consejos para tener éxito:

1º Regístrate en todas.

2º Invita a todos los amigos que puedas, con emails, por redes sociales, pon el link que te dan para hacer amigos en foros, utiliza You Tube, usa también Dalymotion, de todas las formas que se te ocurra.

3º Dedícale al menos 5 minutos al día a cada página.

4º Antes de hacer una compra en internet busca la tienda por la que te has decidido, en todas las páginas de cashback que estas registrado, seguro que en una u otra sale y veras lo que te ahorras..

"Paginas de Cashback"

>**Beruby**, Líder indiscutible, consolidada en el sector, con más de 7 años en el mercado y por la experiencia de nuestros usuarios es una de las mejores página de Cashback que no puede faltar en nuestras opciones para ganar dinero.
>
>https://es.beruby.com/

>**Akalmio** un portal en el que no solo vas a ganar por tus compras si no que vas a poder promocionar tanto productos físicos como otras páginas y te pagaran por ello, tan solo coge uno de los links de cualquiera de los más de 2000 comercios asociados que Aklamio te proporciona, consigue que tus amigos se registren y podrás ganar hasta más de 40$ dependiendo del producto que escojas.
>
>https://www.aklamio.com/en

>**Bonusralia,** Otra página Española muy buena gracias a las grandes ofertas que tiene y que va a tener ya que

de momento es apta solo para España, pero que se provee que durante 2014 amplié sus fronteras ya que ha firmado contratos en República Dominicana y otros países Latinoamericanos, cuenta con 12 niveles.

https://bonusralia.es/

MyG21: Página donde las haya para ganar dinero, que cuenta con una aplicación móvil para hacer llamadas, algo innovador a mi parecer y bastante buena, que además de pagarnos por comprar y por todo lo que hacemos, nos regala 1€ en llamadas cada vez que hacemos un amigo.

https://www.myg21.com/

APP MOVIL

En esta sección encontrarás las mejores aplicaciones para que te descargues de forma gratuita y puedas empezar a ganar dinero desde tu Tablet o Móvil sin necesidad de utilizar tu ordenador y lo mejor de todo es que lo podrás hacer desde cualquier lugar en el que te encuentres.

Como ganar dinero con el móvil, esta sección la vamos a dedicar en exclusiva para explicar todas esas aplicaciones de registro gratuito con las que podemos ganar dinero.

Hoy en día tenemos aplicaciones con las que podemos hacer de todo, las aplicaciones dan dinero a sus creadores por medio de los anuncios que salen en forma de Pop Up, por promoción de otras Apps etc,

Cada vez que un anuncio se aparece o cada vez que hacemos Click sin querer en uno de ellos, estamos haciendo que el creador de la App gane algo de dinero.

Los mismos creadores de las App son los que quieren crecer en el mercado y para ello buscan formas de incentivar a los usuarios para que usen su aplicación y no la de su competidor, por ello nosotros vamos a ir aprovechando todas estas oportunidades que nos dan y vamos a hacer esta sección donde vamos a poner todas las aplicaciones para ganar dinero.

CashPirate, como las anteriores con esta aplicación también vamos a ganar dinero en este caso además de poder jugar, probar otras Apps tambien vamos a poder ver vídeos…

https://www.cashpirate.mobi/

En esta ocasión lo que vamos a hacer es, descargar la aplicación una vez la tengamos ponemos nuestro correo electrónico y una contraseña, el siguiente paso es meter el código y listo ya estamos en CashPirate.

Whaff Rewards, Otra aplicación con la que vamos a ganar dinero por jugar y por probar Apps a través de ella, estas a su vez también nos van a pagar y el dinero sube al contador de Whaff Rewards con lo que llegar al mínimo para cobrar no es muy difícil.

http://whaff.com/

Lo primero que tenemos que hacer es descargar la aplicación, luego vamos al menú principal y pinchamos en "Browse" posteriormente buscamos "Whaff Facebook", ponemos nuestros datos de Facebook esperamos un poco, ponemos el código y ya hemos ganado nuestros primeros 0.30$.

Gelt App, una aplicación diferente a las demás, únicamente válida para España pero que recoge ofertas superiores a las que podemos encontrar en nuestro supermercado favorito. Tan solo basta con realizar una foto al ticket de compra para que en 48 horas nos devuelvan el dinero de cada una de las promociones, en esta aplicación podemos encontrar artículos con un 70% de descuento incluso superior en algunas ocasiones.

https://geltapp.com/

Y lo mejor de todo es que la podemos utilizar en cualquier supermercado ya que no está vinculada a ninguna marca o comercio.

Tap Cash Rewards, una App con la que podemos ganar dinero jugando a juegos o descargando otras aplicaciones, lo importante de esta aplicación es hacernos miembros Bip, con esto conseguiremos que los premios que ganemos sean del doble que un usuario normal, además si te haces miembro vip te darán 0.20$ de bienvenida.

https://play.google.com/store/apps/details?id=com.tap cash.tapcash&hl=en

Hacerte miembro vip es gratuito y tan simple como, descargar la aplicación e ir a "Setting", pulsar donde pone "Cuenta Facebook" y agregar nuestro Facebook luego solo tenemos que buscar la opción "Invited By" y poner el código.

Gift Hunter Club, Esta es la versión móvil de una de las más legales y fiables páginas para ganar dinero por internet, si ya la conocíamos antes por su página web ahora nos ha traído su particular versión para móvil en forma de App, una aplicación de descarga totalmente gratuita y válida para todo el mundo. Descargate la aplicación desde tu móvil y comienza a ganar premios incluyendo el siguiente código: >> JVWBLR

https://gifthunterclub.com/

LEYENDO EMAIL

Es algo muy similar a la sección de ver anuncios pero en este caso nos mandan correos electrónicos a nuestro e-mail deberemos hacer click en cada uno de los correos y recibiremos recompensas por ello.

Acabas de interesarte por leer emails, una de tantas ideas para ganar dinero extra, esta posibilidad está muy extendida en el mundo entero por eso nos podemos encontrar múltiples de empresas de este estilo, oficialmente este tipo de páginas se llama PTR (Paid to read) (Pagos por leer), el funcionamiento para ganar dinero leyendo emails es muy sencillo, únicamente debes buscar alguna empresa de estas que te agrade, pero no te preocupes para eso estoy yo, aquí abajo te voy a dejar unas cuantas bastante buenas, fiables y comprobadas, una vez que te decidas en función de los pagos, países, etc. deberás inscribirte poniendo tus datos, nombre, ciudad, país, y lo importante un email, ya solo tendrás que esperar a que te lleguen los correos electrónicos a tu email, abrirlos y listo.

Me gustaría darte unos consejos para saber cómo ganar dinero leyendo emails y que no te pase lo que me paso a mí al principio, lo primero que debes hacer para trabajar con este tipo de páginas, es crearte un mail paralelo al tuyo personal, ya que te van a mandar cantidades industriales de emails, y no queremos que se nos llene nuestro correo principal de propaganda, ese mail que nos vamos a crear es recomendable que sea con los mismos datos de usuario de la página en la que nos vamos a inscribir.

Otra cosa que debes saber es que solo admiten una cuenta por usuario ya que la mayoría tiene niveles de referidos y está prohibido hacernos varias cuentas y ponernos a nosotros mismos de referidos, para los que suelen trabajar con este tipo de páginas me imagino que ya lo sabes.

En todas las páginas de leer emails admiten referidos es la manera de que nuestros ingresos aumenten rápidamente, aprovecha esos niveles de cada página, e invita a mucha gente es el secreto de las PTR (Paid to read), recordad que para esto tenéis el curso del menú superior y toda la sección Afiliados de nuestra web.

Si de verdad de entre todas las ideas para ganar dinero extra de cómo ganar dinero leyendo emails es esta por la que te decides, te ánimo, pero también te invito a que las alternes con otras como, encuestas, cashback, jugar, etc… ya que las cantidades a ganar en este tipo de páginas no son muy altas y los email que tienes para leer son limitados así que te quedarán mucho tiempo para probar otros métodos.

Lista

Suma Clicks, esta es similar a ClickXti y su particularidad principal son sus 10 niveles de referidos, con los que podemos crear una red inmensa para estar ganando dinero todo el día.

https://www.sumaclicks.com/

Consupermiso, una de mis preferidas porque en diez minutos al día suelo terminar con esta página, no mandan muchos emails pero los pagan muy bien 0,06€ los normales y 0,10€ los premium, además de vez en cuando te mandan alguna encuesta para hacer valorada en 1€, y por si fuera poco por tus 10 primeros referidos te dan otro euro por cada uno.

https://www.consupermiso.com/

ClickXti, aunque paga un poco menos, envía una cantidad enorme de emails, además cuenta con dos niveles de referidos, lo que nos hará aumentar nuestras ganancias si somos unos buenos patrocinadores.

https://www.clickxti.com/

Es-Fácil, otro portal para ganar dinero leyendo email perteneciente al mismo grupo que ClickXti y Sumaclicks, en el que la peculiaridad más importante son sus 5 niveles de referidos.

https://www.es-facil.com/

En la conclusión sobre cómo ganar dinero leyendo emails, personalmente son unas páginas en las que estoy registrado y activo actualmente, pero debido a la limitación de emails que podemos leer cada día, me veo obligado a estar activo en otras secciones ya que con dedicarles 10 minutos al día es suficiente.

Les quiero recordar que la esencia de las PTR, es su programa de referidos, es como más dinero vamos a ganar, por ello te animo a que cuando empieces a trabajar, te pongas las pilas y se las recomiendes a todo el mundo hoy en día tienes infinidad de maneras para promocionar tu link de referido. (Este lo puedes encontrar dentro de cada una de las páginas una vez te registres).

Ya sé que te parecerán pocas las que te recomiendo, pero son las que me han dado resultado y no quiero promocionar páginas que no he comprobado personalmente.

WEBMASTER Y AFILIADOS

Para aquellos que van un poco más allá y quieren rentabilizar su blog o página web lo podrán hacer a través de páginas de afiliados con las que podrás insertar anuncios y cobrar por ellos estas páginas te permiten elegir de entre miles de anunciantes para que pongas los que van relacionados con el tema de tu blog, además te permitirá comparar precios para que pongas los anuncios que más pagan.

Afiliapub, uno de los mejores portales de afiliados para Latinoamerica y España, donde buscar, encontrar y conseguir diversas campañas para monetizar tu sitio web al máximo.

https://www.afiliapub.com/es/

En Afiliapub vamos a encontrar decenas de campañas para generar ingresos bien sea, por registro o por registro y compra, es decir, Afiliapub nos va a proveer de esos enlaces de afiliados con los que vamos a ganar dinero cuando traemos a otros usuarios.

Y lo mejor de todo, es que es un portal válido en todo el mundo que tiene muchas campañas para usuarios de España, pero otras muchas para países de Latinoamérica, así como otros países, por lo tanto, es el portal perfecto.

Daisycon plataforma para monetizar web, blog o redes sociales, en Daisycon vamos a encontrar diferentes campañas de publicidad para España y más países.

https://www.daisycon.com/en/

Daisycon una plataforma de afiliación que lleva en línea desde el año 2000 y que recientemente ha aterrizado en el mercado hispano donde tenemos disponibles diversas campañas de publicidad para monetizar nuestros sitios web, entre ellas destacamos algunas páginas de encuestas con las que venimos trabajando desde hace tiempo y que ahora vamos a poder ganar dinero trabajándolas haciendo las encuestas pero también invitando a otros usuarios mediante la sección afiliados de nuestra web.

Una particularidad de Daisycon es que tiene un sistema de referidos en el que actualmente vamos a ganar 5€ por cada usuario que se registra mediante nuestro link y además, los métodos por los que nos va a realizar los pagos son: Bitcoin, PayPal o Transferencia Bancaria.

Daisycon se encuentra registrada bajo el número de identificación 39073684, responde al nombre Daisycon B.V. y se encuentra ubicada en los Países Bajos (Holanda) en la siguiente dirección:

P.J. OUDWEG 00005

1314CH ALMERE (Holanda)

Nº de Registro: 39073684

Netopartners, monetiza tu página web o blog, realiza campañas en Facebook, Twitter, etc… con divertidos juegos que te harán pasar un buen rato mientras ganas dinero.

http://www.netopartners.com/

Netopartners una particular plataforma de afiliación con la que vamos a poder promocionar diversos juegos en línea para ganar un dinero extra, es una plataforma muy versátil en la que los juegos tienen un diseño nítido y una interfaz extremadamente fácil de usar.

Ofrece a todos los usuarios un lugar divertido y seguro para jugar y disfrutar, ya sea por diversión en modo Demo o en modo real, también existe una gran variedad de torneos y la oportunidad de ganar REAL CASH (200000€) con un riesgo mínimo.

NetoPartners es el lugar perfecto para sacar provecho de esta industria emergente de diversión en juegos tipo scratch y juegos instantáneos de entretenimiento sin necesidad de descarga y esto es muy importante porque la facilidad para que los demás usuarios participen aumenta la probabilidad del éxito en nuestras campañas de marketing.

Además, posee de excelentes planes de comisiones de: CPL, CPA, Rev-Share & Incentivos para grandes volúmenes y calidad de tráfico. En NetoPartners podemos encontrar toda la ayuda y las herramientas necesarias para tener éxito.

TradeTracker una plataforma de afiliación que llevamos utilizando desde hace varios años con unos resultados bastante interesantes, esta plataforma es la que nos puede proporcionar banner de diferentes temáticas para ganar dinero cuando otros usuarios pinchan en ellos y acceden a la página del anunciante desde nuestra web.

https://www.tradetracker.com/

TradeTracker comenzó a funcionar en el año 2013 ofreciendo la posibilidad de unir anunciantes con editores en gran parte de Europa, es decir, las empresas que desean poner publicidad y no tienen la capacidad de establecer relaciones comerciales con los miles de usuarios particulares que tienen páginas webs o blogs, lo que hacen es decir a esta plataforma de afiliación la publicidad que están dispuestos a poner, las condiciones de las misma así como lo que desean pagar en función de los resultados.

Una vez que los anunciantes llegan a un acuerdo con TradeTracker esta nos ofrece toda esa gran cantidad de publicidad disponible para ganar dinero a nosotros, los denominados "editores", pudiendo solicitar las campañas disponibles para publicarlas en nuestros blogs donde posteriormente obtenemos unos beneficios en función de los objetivos de cada campaña.

Sharesale un portal válido con el que vamos a poder monetizar nuestros blogs o páginas web, a través de esta plataforma de afiliación vamos a encontrar diferentes comerciantes que nos van a dar una comisión por cada venta que realicemos de sus productos.

https://www.shareasale.com/

Este portal pertenece a la empresa Shareasale.com Inc. fue fundada en el año 2000 es decir lleva más de 15 años uniendo anunciantes con editores en la promoción de venta de productos por internet, sus principales responsables responden a los nombres de Brian Littleton, Carolyn Tang y David Zelken.

La empresa Sharesale.com Inc. se encuentra ubicada en la siguiente dirección: 15 West Hubbard Street, Suite 500 Chigafo, IL 60654, (Estados Unidos).

REDES SOCIALES

A partir de ahora compartirás y ganaras porque en las páginas de esta sección tendrás la oportunidad de ganar dinero con tus comentarios, me gusta, likes en facebook, twitter, youtube y otros más, además conseguirás seguidores para tus redes sociales es la manera más fácil de crecer y ganar algo de dinero con el tiempo empleado en ellas.

Fanslave, podemos ganar dinero con nuestras redes sociales en Fanslave y aprovecharlas al máximo.

https://es.fanslave.com/

Hoy en día quien más o quien menos utiliza las redes sociales para comunicarse con sus amigos, mostrar sus éxitos personales, felicitar o dar la enhorabuena a sus compañeros, seguir a sus ídolos, presumir de las vacaciones, etc... lo típico para lo que fueron creadas, además, existen decenas de ellas unas más conocidas que otras como Facebook, Twitter, YouTube, Google Plus, etc... debido a su éxito han salido empresas que desean explotar este sector tan en alza como la que vamos a hablar de "Fanslave".

Fanslave comenzó su andadura en la red por el año 2011 cuando ganar dinero con este tipo de páginas era una utopía, actualmente todavía sigue en pie pagando las comisiones oportunas a cada uno de los usuarios por realizar ciertas acciones como: Visitar Páginas Webs, Hacer Likes en Páginas de Facebook, Seguir a otros usuarios en Twitter, Google Plus, Suscribirse a Canales de YouTube y otras muchas.

Según la información encontrada en su propio portal Fanslave pertenece a la empresa Global Reunión LTD, teniendo oficinas en varios países como Reino Unido, Nueva Zelanda o Seychelles en diferentes direcciones físicas.

"Funcionamiento"

A continuación, vamos a ver un poco el funcionamiento de Fanslave, el cual es bastante fácil ya que tenemos la opción de ponerlo en Español.

El sistema para ganar dinero con Fanslave es interactuar con nuestras redes sociales en los diferentes aparatados que nos ofrece la página para ganar créditos intercambiables por dinero, bien sea de una red social u otra, para ello, lo primero que tenemos que hacer es añadir nuestras redes sociales a la plataforma para que las reconozca y comiencen a enviarnos tareas "Intercambios para realizar".

Si nos fijamos en el menú horizontal superior vemos que en segunda posición pone "GANAR CRÉDITOS", pulsando en este botón nos aparecen las diferentes redes sociales con las que Fanslave trabaja como:

Facebook

Twitter

Google Follower

Google +1

Traffic (Trafico a páginas web)

YouTube

Para añadir nuestras redes sociales tan solo tenemos que pulsar en el botón que hay justo a la derecha de cada apartado, además si te fijas se ve que nos pone un enlace en color azul donde nos indica que desde ahí podemos enlazar la cuenta, así que rellenamos los campos correspondientes y listo.

Una vez enlazada la cuenta, en esa misma sección es donde nos van a ir saliendo las acciones que tenemos para realizar, es bastante parecido a trabajar con una PTC pero en vez de ver solamente anuncios de publicidad que también los hay, aquí vamos a seguir, dar me gustas o ver vídeos en las diferentes redes sociales, algo un poco diferente a ver anuncios pero igual de sencillo.

Fanslave es uno de los mejores portales de este tipo, no solo lo podemos utilizar para ganar dinero que es una de sus características principales, sino que, podemos utilizar los créditos que ganamos para ganar seguidores en nuestras redes sociales.

Si nos fijamos en la tienda existen bastante productos "Packs" muy económicos que contienen una gran cantidad de seguidores, me refiero a los más caros ejjejej, esto nos puede dar una pista de que Fanslave comercializa con empresas u otros proyectos su producto ya que esos packs de 1000$, 2000$ o 5000$ no son los que nosotros, los usuarios de a pie solemos consumir, por lo tanto, nos da que pensar que tienen ingresos constantes para compartir con todos los usuarios y debemos aprovecharlo.

Por otro lado, y comentando anteriormente los Packs esos tan grandes, decir que, nosotros recibimos un 15% de comisión de nuestro primer nivel, por lo tanto, es bastante interesante comenzar a comercializar su producto entre las tiendas, comercios o administradores de páginas web que conozcamos, es decir, podríamos ser comerciales a comisión ya que si una empresa a la que le das nuestro link de referido o lo abrís nosotros mismos una cuenta y compra producto por valor de 1000$ vas a recibir 150$ y si a esa empresa le gusta y repite sin hacer nada más volveras a recibir otra comisión y otra mientras siga consumiendo.

Como se puede apreciar Fanslave es una web bastante completita, por ello la recomendación de utilizarla a diario como si se tratara de una PTC más y si encima conseguimos alguna venta mejor que mejor, no creés???

Fancitos, Seguidores Twitter, Facebook, Instagram, aumentar tus seguidores en cuestión de minutos es posible entra ahora para comprobarlo tú mismo.

http://fancitos.com/

Fancitos actualmente establecido en el dominio https://comparteunclic.com/ portal en el que vamos a poder ganar seguidores para nuestras redes sociales de forma gratuita desde cualquier parte del mundo, los que trabajamos en este mundo de ganar dinero por internet bien sea con páginas de ver anuncios, hacer encuestas, tiendas On-line, etc… es muy importante que tengamos unas redes sociales bastante pobladas para que el nuevo público que nos vea le impresione y decida quedarse con nosotros.

Conseguir seguidores en esta plataforma es muy sencillo, tan solo tenemos que hacer un intercambio de clicks, nosotros seguimos a una serie de usuarios para ganar monedas y luego con esas monedas nosotros vamos a poder poner anuncios para que la gente nos empiece a seguir de manera inmediata.

"Funcionamiento"

En Fancitos, Seguidores Twitter, Facebook, Instagram, podemos conseguir monedas gratis interactuando en la página siguiendo a otros usuarios en sus diferentes redes sociales, hay diferentes opciones para conseguirlas pero el formato es muy similar en cada uno de ellos.

Las redes sociales en las que podemos conseguir monedas son las siguientes:

Facebook

Google+

Instagram

Pinterest

Soundcloud

Twitter

YouTube

También podemos conseguir monedas en la sección "Visitas a Web" una sección en la que cada 40 segundos pasara de una web a otra generándole nosotros visitas y a cambio dándonos monedas para poner nuestra publicidad en la sección que deseemos. (La publicidad hay que verla porque si no nos acreditan las monedas)

Una vez que ya tenemos suficientes monedas ya podemos hacer que otros usuarios nos sigan en nuestras redes sociales, o conseguir visitas gratis a nuestra web e incluso a nuestros enlaces de referido para tratar de conseguir alguno, el sistema es igual que para conseguirlas pero en este caso deberemos añadir antes nuestras páginas, para ello debemos ir a:

Añadir Páginas, seleccionar la que deseemos añadir y configurar nuestra campaña.

Si probas veras que es muy sencillo y que en tan solo 5 minutos podemos añadir todas nuestras redes sociales y empezar a darle a Fancitos, Seguidores Twitter, Facebook, Instagram

También existen una serie de membresías que nos darán mayores ventajas a la hora de conseguir intercambios, lo ideal de estas membresías es adquirirlas tan solo si hemos hecho alguna compra de monedas para conseguir seguidores, si no se puede trabajar de forma gratuita con bastantes buenos resultados.

CREE UN BLOG DE NICHO (O SITIO WEB) Y USE MARKETING DE AFILIACIÓN

Si hay un nicho en el que está interesado y puede crear una audiencia decente a su alrededor, comenzar un blog y utilizar el marketing de afiliación para generar ingresos es una forma increíble de hacer dinero en línea.

Sé de primera mano que aprender a iniciar un blog (y mucho menos ganar dinero con él) puede ser una tarea enorme.

Una vez que haya lanzado su blog (o sitio web especializado), el siguiente paso es determinar con qué productos y compañías puede asociarse como afiliado para facilitar las ventas de un producto relacionado y útil para su audiencia de futuros lectores.

En pocas palabras, el marketing de afiliación es vender el producto de otra persona al remitir a los clientes a su tienda en línea. Si puede crear contenido (en un blog) o un recurso tan valioso para las personas que buscan un determinado producto y luego enviarlos a donde realmente puedan comprarlo, recibirá un porcentaje predeterminado de cada venta.

Lleva tiempo y esfuerzo, pero los propietarios de sitios web como yo y Pat Flynn de Smart Passive Income, han construido carreras que cambian vidas a través del marketing de afiliados. De hecho, Pat incluso publica sus informes de ingresos en línea, mostrando cómo ganó más de $ 2 millones solo en los últimos 12 meses.

Comencemos con los conceptos básicos de la construcción de su sitio web y blog de nicho, luego analicemos cómo el marketing de afiliación funcionará para usted.

Primero, necesita investigar y validar un nicho de afiliados rentable. Lo que esto significa es: ¿Hay compañías en su nicho que le pagarán para enviar a los clientes a su manera?

Puedes verificar esto de varias maneras:

Conviértase en un Asociado de Amazon y luego utilice el planificador de palabras clave para encontrar un nicho de demanda: con más de un millón de productos diferentes para elegir y hasta un 10% de comisión por las ventas que maneja, el programa de afiliados de Amazon es un excelente lugar para comenzar. Navegue por sus productos disponibles y vea qué se conecta con usted. O vaya un paso más allá y use el Planificador de palabras clave de Google para verificar rápidamente cuántas personas están buscando un término específico. Con el marketing de afiliación, cuanto más relevante sea el tráfico que pueda atraer, más se beneficiará de su sitio.

Inscríbase en una red de afiliados de renombre: además de Amazon, hay docenas de grandes redes de afiliados de renombre, como Share-A-Sale, Clickbank y Skimlinks, que se especializan en conectarse con comerciantes que buscan afiliados para vender sus productos. . Cobran tarifas de comisión relativamente bajas por el privilegio de conectarlo con comerciantes, y los comerciantes en estos sitios tienden a ofrecer porcentajes de comisión mucho más altos o pagos de cantidad de dólares establecidos.

Busque empresas individuales en su lugar deseado: si es posible, siempre es mejor convertirse en afiliado directamente con una empresa (si tienen un programa interno de afiliados), ya que nadie más se sumerge en su tasa de comisión. Esta es la ruta preferida para la mayoría de los destacados publicistas afiliados, incluido Pat Flynn. Desafortunadamente, también es la mayor parte del trabajo, ya que tendrá que hacer la investigación usted mismo para ver quién ofrece los programas (generalmente aparece en el pie de página del sitio web).

Ahora que conoce su nicho y se ha inscrito en programas de afiliados relevantes, es hora de desarrollar su sitio y su blog para comenzar a generar tráfico.

Comience por buscar y comprar un nombre de dominio (como www.myaffiliatesite.com) que funcione para su nicho en un registrador de dominios como Bluehost, NameCheap o GoDaddy.

Bluehost incluso tiene un ingenioso verificador de disponibilidad de nombres de dominio que puede usar aquí mismo para saber rápidamente si la URL de su sitio web está disponible o no (y si no lo está, le darán sugerencias sobre la próxima mejor idea):

Una vez que tenga su nombre de dominio, necesitará una plataforma para construir su sitio. Si bien puede elegir una opción gratuita como Tumblr, Blogger o WordPress.com, estos no le darán la flexibilidad o la autoridad que necesita para crear un sitio de afiliados verdaderamente exitoso.

En su lugar, vaya con un sitio alojado (como mi blog aquí): esto significa que su blog se alojará en su propio servidor y tendrá control total sobre él. Hay miles de compañías de gran reputación y asequibles que puede elegir para alojar su sitio web, como Bluehost, Kinsta o A2 Hosting.

Luego, una vez que haya resuelto su nombre de dominio y alojamiento, es hora de elegir un CMS o Sistema de gestión de contenido, que le permitirá actualizar páginas, crear su blog e integrarse con todos los demás servicios que necesita. Es difícil equivocarse con WordPress: el sistema de gestión de la CMS está cerca de una cuarta parte de Internet.

A continuación, querrá elegir un tema de WordPress de algún lugar como ThemeForest, Elegant Themes o OptimizePress. Este es el diseño básico de su sitio, que luego puede personalizar con su propia marca, copia e imágenes. Dicho esto, no quieres salir barato. Cuesta menos de $ 100 comprar un tema que hará que su sitio web se vea profesional (y usted puede actualizarse a un diseño completamente personalizado una vez que inicie el negocio).

Como dije, este proceso puede ser un poco abrumador. Y es por eso que armé este curso maestro gratuito para ayudar a dividir todo este proceso en pasos fáciles de seguir que harán que su blog despegue y genere lectores en menos de 1 semana.

Finalmente, una vez que su blog se lance oficialmente, es hora de comenzar a crear contenido que dirigirá el tráfico al sitio de su socio afiliado. Esto es lo que quiero decir con eso:

Digamos que soy un afiliado de Amazon para equipo de campamento, y quiero escribir una publicación exhaustiva y detallada en el blog y una revisión de las "50 mejores mochilas de senderismo para aventurarse al aire libre". Ejecutando una rápida búsqueda de palabras clave en la búsqueda orgánica. Volumen Puedo ver que hay alrededor de 5.500 búsquedas mensuales de la palabra clave 'mochilas de senderismo' solo.

Si mi parte del contenido es tan único y valioso en torno a las recomendaciones de mochilas para caminatas, que otros sitios web al aire libre de buena reputación están dispuestos a vincularlo y desarrollar la autoridad de la página, entonces tendré una oportunidad muy real de obtener una alta calificación en la búsqueda orgánica de estas búsquedas. Términos (es decir, mi página aparecerá primero cuando alguien busque mochilas de senderismo).

Dado que es seguro asumir que el intento de compra en las búsquedas de mochilas de senderismo es bastante alto, el siguiente paso lógico es que un número razonable de visitantes del sitio haga clic en el uso de mis enlaces de afiliados y complete una compra con el tiempo.

Si bien a menudo se necesita una cantidad significativa de tiempo y trabajo arduo para aumentar los ingresos de sus afiliados, si tiene la capacidad de publicar regularmente contenido de alta calidad que atrae el tráfico dirigido a su sitio web, esta fuente de ingresos en línea puede ser bastante importante.

LANZAR Y CRECER UNA STARTUP

¿Tienes sueños de tener tu propio negocio algún día? Construir y escalar una startup de alto crecimiento, aunque con mucho la forma más difícil de hacer dinero en línea, podría decirse que tiene la mayor ventaja potencial.

Para el tercer trimestre de 2017, los capitalistas de riesgo habían invertido más de $ 61 mil millones en cerca de 6,000 nuevas empresas solo en los EE. UU.

Hay dinero en el aire, y si puede crear con éxito un servicio, una herramienta o un mercado en línea que satisfaga una necesidad cada vez mayor en el mercado, podría estar en el buen camino para crear un negocio muy valioso. Sin embargo, indudablemente requerirá una dedicación intensa de tiempo, esfuerzos y recursos financieros.

A diferencia de muchos de los otros negocios que vamos a cubrir, los fundadores de startups se enfrentan a una gran cantidad de variables y obstáculos que pueden obstaculizar el éxito.

Por un lado, querrá tener un alto nivel de experiencia de dominio dentro de la industria en la que operará su startup. Esto significa una profunda comprensión de sus clientes, los problemas a los que se enfrentan y una idea de las posibles soluciones que estarán dispuestos a pagar. Este es el mínimo que necesita para comenzar.

Después de eso, deberá familiarizarse con los otros jugadores principales en el espacio que podrían ser buenos socios u oportunidades de adquisición, así como un conocimiento íntimo de cómo recaudar fondos, comercializar su producto, contratar y administrar el mejor talento. y mantenerte financieramente por encima del agua.

Uf

Ahora, esto puede parecer mucho, pero la recompensa vale la pena.

Entonces, ¿dónde empiezas cuando construyes una startup?

Lo más importante que necesita antes de hacer cualquier otra cosa es un problema. ¿Qué necesita la gente que no tiene? ¿Qué solución existe actualmente que puedes hacer mejor? Esto solo es la base de cada gran startup.

Una vez que haya resuelto ese problema o necesidad, el siguiente paso es validar esa idea y asegurarse de que realmente tenga clientes que la paguen. Esto significa crear un producto mínimo viable, obtener retroalimentación objetiva de clientes reales, incorporar actualizaciones, probar la demanda del mercado y obtener retroalimentación de precios para asegurar que haya un margen suficiente entre sus costos y lo que los consumidores están dispuestos a pagar.

Por último, necesitas dinero para ganar dinero. Las startups pueden costar bastante despegar. Entonces, con su idea y validación de mercado consolidadas, hay algunos caminos diferentes que puede seguir para obtener su efectivo inicial de "semilla":

Bootstrap: Esto significa que usted autofinanciará su negocio. Si bien no todos tendrán los fondos para pagar todo lo que necesitan para iniciar un inicio, bootstrapping significa que usted retiene el 100% del control sobre su compañía. Si puede iniciar su empresa para una salida o salida a bolsa, probablemente nunca tendrá que trabajar otro día en su vida.

Pitch to VCs / Angels / other inversionistas: si necesita algo de dinero en efectivo para hacer crecer su inicio, querrá armar una plataforma de lanzamiento y llegar a inversionistas que quieran darle el dinero que necesita a cambio de una participación en tu compañía.

Únase a un acelerador de inicio: otra excelente opción es aplicar a un acelerador de inicio como Y Combinator, 500 startups o TechStars, donde un grupo de inversionistas lo ayudará a entrenar, lo conectará con socios potenciales y le brindará dinero en efectivo a cambio de un pequeño Participa en tu empresa. La competencia es difícil de conseguir, así que no confíe en ellos como su único camino hacia adelante.

Una vez que esté despegado, se trata de la adquisición de clientes, la validación del mercado, más fondos y el crecimiento.

Por supuesto, esa es una versión simplificada de todo lo que se necesita para construir su inicio. Afortunadamente, ahora hay más apoyo, educación y acceso a fondos para nuevas empresas en antes que nunca.

CONSTRUIR Y VENDER SOFTWARE

En este momento hay una necesidad insaciable de software útil.

Ya sea que se trate de una aplicación importante para el consumidor, una aplicación especializada para resolver un problema de nicho particular o incluso un juego de pérdida de tiempo que puede jugar en su teléfono, puede crear un negocio de gran éxito si crea un software que ayude a las personas. (Observe el auge de Slack, el software de comunicación del equipo que pasó de un proyecto paralelo a una compañía de miles de millones de dólares en solo 2 años).

Ahora, sé lo que estás pensando. La mayoría del software y las aplicaciones que utiliza de forma regular están a cargo de empresas masivas o estudios de desarrollo establecidos. Bueno, sí. Pero muchas aplicaciones exitosas, particularmente aquellas en las tiendas de Apple y Google, son creadas y comercializadas por individuos y pequeñas empresas. De hecho, los desarrolladores independientes ganaron $ 20 mil millones en la App Store solo en 2016.

Hay dos formas básicas de ganar dinero en línea al crear productos de software.

El primero sigue la ruta de inicio que describimos anteriormente: tiene una idea disruptiva para una aplicación o pieza de software, la valida con clientes reales y luego recauda dinero para contratar desarrolladores o un estudio de desarrollo para construir, lanzar y escalar su software. Si has hecho todo bien, tu software será aceptado en las tiendas de Apple y Google y ganarás dinero cada vez que alguien lo descargue o pague por una función premium.

La segunda ruta (y más barata) asume que tienes el diseño y las habilidades de desarrollo para construir el software de tus sueños. Naturalmente, tomará más tiempo despegar su producto, pero ser capaz de iniciar el desarrollo de su software le permite retener más propiedad en su negocio y tener un mayor control de su ruta.

Si está dispuesto a tomarse el tiempo para aprender las habilidades de desarrollo necesarias para crear productos de software de alta calidad (o incluso MVP para ayudarlo a obtener financiamiento), hay una lista creciente de plataformas de aprendizaje en línea acreditadas como Treehouse, CodeAcademy y Skillcrush para Consigue las habilidades que necesitas.

INICIAR UN SITIO DE COMERCIO ELECTRÓNICO Y VENDER PRODUCTOS FÍSICOS

Si encontrar una mejor solución a un problema que cientos o miles de personas no parecen ser una opción en este momento, es mejor que instale una tienda virtual y venda artículos físicos.

En estos días, esto no podría ser más fácil. Los sitios como Shopify han hecho más fácil que nunca la creación de un sitio de comercio electrónico personalizable y potente en un fin de semana y comenzar a vender productos ahora.

Esta es probablemente una de las formas más antiguas y comprobadas de ganar dinero en línea. Muchos emprendedores digitales han creado negocios sostenibles mediante:

Creando productos físicos que saben que la gente en su nicho adorará.

Comprar productos de bajo costo fabricados en países extranjeros, reempaquetarlos o combinarlos con otros productos y venderlos a precios más altos en los mercados nacionales en línea

Si bien tendrá mayores niveles de éxito si puede crear y comercializar su propio producto único, por mi propia experiencia (y la de muchos otros emprendedores), conozco los costos extremadamente altos y el riesgo asociado con comenzar un producto basado en productos. negocio.

En cambio, si puede encontrar un producto sólido que ya se esté fabricando a un precio razonable en un mercado como AliExpress, LightInTheBox o DinoDirect y lo comercialice a su audiencia, tendrá el inicio de una máquina de comercio electrónico que genera dinero.

Ahora, analicemos cómo funciona su tienda en línea.

Ya sea que esté vendiendo sus propios productos nuevos o revendiendo otros bienes, aún debe considerar cuánto stock va a llevar, cómo va a financiar los costos de compra por adelantado y dónde va a almacenar su inventario. . Recuerde, incluso si evita pagar el alquiler en una tienda, deberá guardar su inventario en algún lugar.

Bien. No siempre. Hay otra opción que se ha vuelto increíblemente popular en los últimos años (y es mi forma favorita de operar un negocio de productos), llamada envío directo.

Con el envío directo, usted se asocia efectivamente con un fabricante o mayorista para vender sus productos. De esta manera, usted no paga los costos por adelantado para comprar el inventario, no se sienta en los artículos no vendidos que ocupan un espacio costoso en el almacén, y no tiene que lidiar con el envío de los productos usted mismo. Simplemente cree su sitio, llénelo con productos de envío directo e ingrese a los clientes, con casi todo lo demás hecho por usted.

Por supuesto, hay un precio más alto por producto y sus márgenes son más bajos, pero puede comenzar su tienda en línea con poco más que un tema de Shopify y algunas imágenes alojadas de sus productos. Cuando un cliente realiza una compra, usted a su vez compra el producto a su proveedor, quien lo envía directamente a su cliente.

Sin inventario. No maneja los productos usted mismo. No envío a mano. Suena bastante asombroso.

Si desea complementar la venta en su tienda Shopify con otros mercados, aquí hay algunas otras opciones altamente lucrativas:

Fullfilled por Amazon: en lugar de dejar caer el envío, Amazon le permite almacenar sus productos en sus propios almacenes, haciéndolos disponibles para el envío gratuito de 2 días a los miembros Prime. Lo que ha demostrado aumentar significativamente las ventas.

Etsy: si tiene productos hechos a mano o artesanales, Etsy es un excelente mercado para comercializar y vender (puntos de bonificación si su producto está orientado a un público más femenino)

eBay: el gigante de las subastas en línea todavía está en el juego y es especialmente bueno para la venta de productos electrónicos, aparatos, ropa y accesorios, y accesorios.

Craigslist: Si bien es el menos escalable, puede ser muy rentable y rentable venderlo a las personas a nivel local.

ENCUENTRA CLIENTES INDEPENDIENTES Y VENDE TUS SERVICIOS

Si tiene una habilidad comercial, como escribir, diseñar, desarrollo web, marketing, gestión de proyectos o cualquier otra cosa, una de las maneras más fáciles de hacer dinero extra sostenible en línea es comenzar a trabajar de forma independiente.

Y aunque el trabajo por cuenta propia no sea tan escalable como algunas de las otras ideas de las que hemos hablado, no es raro que los solopreneurs creen negocios independientes de seis cifras para ellos mismos. (De hecho, ¡he entrevistado a miles de ellos en mi podcast!)

Hoy en día, más de 54 millones de estadounidenses están optando por renunciar a las carreras tradicionales y comenzar un negocio independiente.

Hay mucho trabajo y clientes por encontrar. Si sabes dónde buscar. Para empezar, necesita saber si hay suficiente demanda para su habilidad para que valga la pena el esfuerzo de salir a buscar trabajo. Comience por buscar tablas de trabajo freelance en UpWork, Freelancer, Guru o una de las docenas de otras tablas de trabajo freelance específicas para cada habilidad.

¿Cuántas publicaciones hay para trabajos similares a los que haces? Si hay una cantidad decente y parece que hay una demanda constante, ponga esas habilidades en una lista reducida y comience a investigar las compañías e industrias que están contratando.

He escrito una guía completa para comenzar su propio negocio independiente, pero aquí hay una lista rápida para comenzar:

Decida cuál es su objetivo: ¿Desea un poco de ingresos adicionales o desea ir a tiempo completo a tiempo completo? Se necesita tiempo para impulsar un negocio independiente, por lo que es importante conocer sus objetivos desde el principio.

Encuentre un nicho rentable: hemos hablado mucho sobre esto. Pero, ¿dónde estás más cómodo? ¿En qué nicho se cruzan tus habilidades, valores e intereses? ¿Tienes 10 años de experiencia como escritor técnico? ¿Tiene relaciones de relaciones públicas de larga data que serán invaluables para ayudar a las nuevas empresas a lanzar una exitosa campaña de financiación colectiva? Determine qué es lo que hace que su valor sea único, y confíe en mostrar esa fuerza a sus potenciales clientes.

Identifique a los clientes objetivos: escriba exactamente quién quiere que sea su cliente y luego comience a investigar esas compañías y haga su lista. Querrá que su cartera y sus correos electrónicos fríos se alineen con las compañías a las que está llegando

Establezca precios estratégicos: los $ 37.50 / hr que gana en su trabajo diario ni siquiera se acercan a la tarifa por hora que tendría que cobrar, para crear el mismo ingreso anual neto, una vez que trabaje por cuenta propia. Esta infografía sobre el cálculo de su tarifa por hora independiente puede ayudarlo a decidir qué cobrar.

Inclina, envía un correo electrónico frío y firma a tus primeros clientes: ahora es el momento de perseguir a los clientes. Menciónalos en tu contenido. Póngase en contacto con ellos por correo electrónico o LinkedIn. Adapte su tono para mostrar qué tipo de valor trae a la mesa. (Incluso puedes leer mis plantillas de correo frías personales).

Por último, recuerde tener siempre un contrato independiente sólido en su lugar.

Para empezar, es posible que esté trabajando en trabajos pequeños, pero el hábito de no comenzar un trabajo independiente sin un contrato vigente puede ahorrarle mucho tiempo en el futuro.

COMIENCE A ENTRENAR EN LÍNEA (COACHING) Y VENDA SU CONSEJO

Al igual que con la venta de sus servicios independientes, también puede comenzar a vender sus conocimientos y consejos en un área en la que se especializa como coach o consultor. Si puede facturarse a sí mismo como un experto, hay muchas personas dispuestas a pagar por su tiempo.

Ser un entrenador o consultor en línea es una excelente manera de ganar dinero en línea, ya que en lugar de otorgarle a su cliente los entregables (como cuando es un profesional independiente), le está enseñando a ser mejor, más rápido y más fuerte que la competencia. Tu experiencia se convierte en el producto que estás vendiendo.

Aún mejor, si puede encontrar formas de integrar su experiencia y sus habilidades de coaching en un programa fácil de digerir, tiene el potencial de escalar significativamente este modelo de negocio.

Ahora, si no conoce a la gente que podría querer sus servicios de coaching, hay una serie de herramientas y comunidades en línea que hacen que sea increíblemente fácil encontrar clientes y enseñar, en casi cualquier área temática en la que pueda pensar. Las plataformas impulsadas por la comunidad como Savvy.is, Clarity.fm y Coach.me le brindan una red de clientes potenciales para interactuar, así como una solución de pago integrada.

Y si bien es una de las empresas más limitadas, ya que solo puedes cobrar por el tiempo que puedes proporcionar, muchos entrenadores en línea hacen cientos o incluso miles para sus paquetes.

También es una de las maneras más rápidas en que puede configurar y comenzar a generar ingresos. Todo lo que realmente necesita es una cuenta con una de las comunidades de coaching en línea que mencioné anteriormente y experiencia para compartir.

CREAR CURSOS EN LÍNEA PARA PRODUCIR SU CONOCIMIENTO

Si ya es un experto en un tema, ya sea a través de su trabajo actual, negocio independiente o coaching, puede agrupar ese conocimiento en un curso de alto valor y venderlo durante los próximos años.

Y si bien la creación, el lanzamiento y la comercialización de un curso en línea requieren una cantidad considerable de esfuerzo inicial, su potencial de ganancias está por las nubes (especialmente en comparación con muchas otras formas en línea de ganar dinero del que estamos hablando).

Los cursos y otros productos de conocimiento, como los libros electrónicos, son lo que se denomina ingresos pasivos. Eso simplemente significa que una vez que se dedica el tiempo y el esfuerzo por adelantado, con solo un poco de mantenimiento y comercialización, podrá seguir vendiendo y ganando dinero con ellos durante meses y años.

Entonces, ¿cómo haces para armar tu curso? Una de mis historias favoritas de éxito de cursos en línea proviene de Bryan Harris de Videofruit, ¡quien creó y lanzó un curso en línea en solo 10 días que le hizo ganar $ 220,750!

Para alcanzar este increíble objetivo, Bryan siguió un proceso de cuatro etapas para descubrir, validar y lanzar su curso:

Fase 1: Explora y descubre el mejor tema para su curso basado en las publicaciones más populares de su blog. Esto aseguró que sabía que el contenido ya era valioso para su audiencia.

Fase 2: Valide que las personas realmente pagarían su curso encuestando a los lectores y asegurando pedidos anticipados. (Esta es una parte importante que mucha gente olvida. Nunca dedique tiempo serio a construir algo a menos que sepa que hay una audiencia que lo paga).

Fase 3: escriba, grabe y edite rápidamente el contenido del curso. Como ya sabía que había demanda, tenía sentido crear el contenido lo más rápido posible. Siempre podría regresar y actualizar o editar según los comentarios de sus alumnos iniciales.

Fase 4: Lanzar el curso a su lista de correo electrónico. El éxito de su curso se reduce a ponerlo frente a las personas adecuadas. Y su propia audiencia, no importa lo pequeña que sea, suele ser el mejor lugar para comenzar. Dicho esto, debe tener una idea clara de su plan de lanzamiento antes de ponerlo en funcionamiento.

Ahora, ¿qué pasa si no tienes un blog con publicaciones populares? ¿O una lista de correo electrónico para comercializar? Veamos cómo puede crear su propio curso en línea sin experiencia previa:

Comience por tomar otros cursos que le interesen: no solo es este importante competidor y análisis de oportunidades, sino que también le da una idea de cómo un curso puede o debe verse y sentirse. ¿Cómo es el ritmo? ¿Es a través de correo electrónico, video, chats en persona? Una vez que entienda cómo desea que se vea su curso, es hora de decidir qué debe incluir. Esos mismos cursos son un gran punto de partida. ¿Cómo puedes hacer tu curso mejor o más interesante? ¿Tienes experiencia que otros no tienen?

Elija su nicho y verifique la demanda: la combinación de Golden Course es cuando puede encontrar un nicho en demanda que se alinee con sus habilidades y experiencias únicas. Una excelente manera de hacer esto es usar Google Trends y Keyword Planner de Google para buscar el volumen de búsqueda mensual promedio de palabras clave relacionadas con el contenido de su curso propuesto. ¿Las personas buscan activamente información de alta calidad sobre este tema? Por supuesto, si ya estás creando contenido para un blog, un servicio de coaching o un sitio como Medium, puedes probar la demanda de forma gratuita de la misma manera que lo hizo Bryan.

Encuentre sus socios, colaboradores y campeones de nicho: a medida que va creando su curso, busque personas notables que también estén creando contenido en el espacio. Observe cómo operan sus negocios e incorpore eso en su propio plan. También puede comunicarse con cualquier persona influyente y hacerlos afiliados para su propio curso. De esta manera, se les incentivará a compartir su contenido con sus propias audiencias (¡lo cual puede ser una forma importante de generar sus primeras ventas y comenzar a construir su propia comunidad!)

Cree una experiencia de curso increíble: con su curso validado y en las obras, necesita descubrir cómo lo tomará la gente. La mayoría de los creadores de cursos eligen alojar sus cursos desde sus propios sitios web. De esta manera, obtienen todo el valor de llevar a los clientes a su sitio de forma regular. Organizo mis propios cursos de un subdominio en mi propio sitio para poder agregar más fácilmente. La experiencia del curso es increíblemente importante también. Y después de probar la mayoría de las soluciones, recomiendo Teachable, una plataforma en línea diseñada específicamente para cursos.

Cree una audiencia en una comunidad de cursos: si recién está comenzando a crear una audiencia por sí mismo y desea aprovechar las comunidades que ya están buscando activamente contenido, puede elegir hospedar y vender su curso en línea en un sitio como Skillshare o Udemy. Estas son formas fáciles y rentables de crear una audiencia y probar su nicho para ver si hay demanda para ello.

Comercialice su curso: la belleza de usar un curso para ganar dinero en línea es que puede continuar vendiéndolo durante el tiempo que desee. Busque comunidades de nicho en Facebook, LinkedIn o Reddit que puedan beneficiarse de su contenido. Publicación invitada en blogs y sitios relevantes. Busque cualquier lugar donde pueda estar frente a las personas adecuadas. Con solo unas pocas horas al mes puedes continuar generando ventas.

LANZAR UN CANAL DE YOUTUBE PARA ENTRETENER Y EDUCAR

Si bien YouTube recientemente cambió su programa de monetización, si puede alcanzar su nuevo límite mínimo de 1,000 suscriptores y 4,000 horas de tiempo de visualización en los últimos 12 meses, sigue siendo un lugar increíble para ganar dinero extra en línea.

YouTube es posiblemente el segundo motor de búsqueda más grande del mundo (después de Google) y es el tercer sitio más visitado del mundo. En 2017, ¡casi 5 mil millones de videos fueron vistos en YouTube todos los días!

En lugar de ganar dinero a través de suscripciones, los canales de YouTube se basan en un sistema de publicidad tradicional. Lo que significa que cuantos más espectadores consigas, más ganarás. Una vez que haya sido aprobado para el Programa de Socios de YouTube y pueda comenzar a incluir anuncios en sus videos, con cada 1,000 visitas, ganará aproximadamente entre $ 2 y $ 4. Lo que podría no parecer mucho, pero si tiene 100 videos con 5,000 vistas al mes, eso sería de $ 1,000 a $ 2,000 ya. ¡Imagínate si tus videos empiezan a llegar a millones de vistas!

Crear un canal de YouTube es muy parecido a comenzar un blog o sitio web, excepto que estás trabajando en un video, no en la escritura. El primer paso es elegir qué tipo de videos vas a crear. Los canales de YouTube más exitosos se clasifican en una de dos categorías:

Contenido educativo: la gente siempre quiere encontrar la forma más rápida de aprender algo nuevo. Y las búsquedas en YouTube, incluida la frase "Cómo", crecen un 70% año tras año, haciendo de YouTube un lugar increíble para enseñar lo que sabes.

Entretenimiento: series web, reseñas de productos, bocetos de comedia y bromas, vlogs, incluso recorridos de videojuegos: hay muchas formas diferentes de entretener a las personas a través de su canal de YouTube.

A continuación, debe configurar y construir su canal de YouTube. Tu canal de YouTube es tu base para todo tu contenido. Si ya tiene una cuenta de Google para Gmail o Google Drive, puede usarla para iniciar sesión en YouTube y comenzar a configurar su canal. Elija un nombre de usuario que funcione para usted y que sea memorable (si está usando una cuenta de Google existente, tendrá que editar su nombre de usuario en Google+).

También querrá hacer que su canal de YouTube sea más fácil de encontrar agregando palabras clave relevantes en la sección "Avanzado" y seleccionando su país objetivo (donde cree que están la mayoría de los espectadores). Si tiene un blog o sitio personal, agréguelo como un "sitio web asociado".

Ahora es el momento de comenzar a crear y cargar contenido. Asegúrate de usar una cámara de alta calidad (la mayoría de los teléfonos inteligentes funcionarán, pero te sugiero que al menos tengas un trípode para que tus imágenes no sean inestables), pero no te preocupes por ser perfecto al principio. La belleza de YouTube es que puedes continuar probando diferentes contenidos y estilos a medida que encuentres lo que funciona para ti. En su lugar, mantén un horario regular para construir tu base de suscriptores.

Puede optimizar sus videos para obtener una clasificación más alta experimentando con descripciones y vistas previas que llaman la atención, así como utilizando etiquetas relevantes. Debe destacar y hacer que la gente quiera hacer clic en su video.

A medida que comiences a publicar contenido regularmente, es de esperar que comiences a construir un poco de audiencia. Pero para comenzar a ver dinero real de YouTube, necesita comercializar sus videos en otros lugares. Comparte tu canal en Twitter y Facebook. Distribuye videos en cualquier otro lugar que puedas imaginar. Además, interactúa con los comentarios y crea una comunidad alrededor de los videos que estás haciendo para que la gente los comparta con sus amigos.

Una vez que alcanza el límite de 1,000 suscriptores / 4,000 horas, puede comenzar a monetizar sus videos seleccionando

"Monetizar con anuncios" en la pestaña Monetización de su canal. Si bien puede llevar un tiempo acumular una cantidad decente de seguidores en su canal de YouTube, puede ser muy divertido hacerlo y convertirse en una fuente constante de ingresos adicionales.

GRABA UN PODCAST Y COMPARTE HISTORIAS INSPIRADORAS

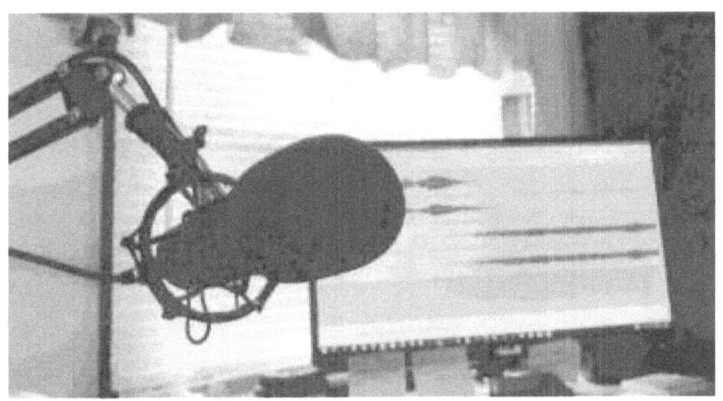

Los podcasts son super calientes en este momento, y por una buena razón. Con lo ocupadas que se están poniendo nuestras vidas, cada vez más personas buscan formas pasivas de asimilar el contenido. Lo que los convierte en una gran oportunidad para construir una audiencia y ganar dinero en línea.

Y aunque llevará tiempo construir una audiencia lo suficientemente grande como para atraer anunciantes y otras formas de obtener ingresos adicionales de su podcast, la oportunidad está ahí. John Lee Dumas entrevista a empresarios siete días a la semana para su podcast Entrepreneur on Fire y ahora gana más de $ 200,000 al mes. De hecho, John publica todos sus ingresos en línea y demostró que ha ganado casi $ 13 millones desde su lanzamiento en 2012.

El mercado de podcasts busca constantemente contenido nuevo y de calidad. Y por suerte para cualquiera que esté tratando de comenzar, ahora es más fácil que nunca.

Comenzar un podcast, como hacer un canal o blog de YouTube, se reduce a contar historias interesantes y construir una audiencia comprometida. Probablemente estoy sonando como un disco roto por ahora, pero necesitas un nicho en el que estés interesado y ya hay demanda. Cree una lista de temas sobre los que le gustaría hablar y luego busque en las listas de iTunes, Google Trends y otros sitios de investigación de podcasts como cast.market para ver qué hay actualmente y qué es popular.

A continuación, necesitarás las herramientas adecuadas. Puede ser tan complicado o simple como quiera dependiendo de su comodidad con el equipo de audio, pero como mínimo querrá un micrófono y un software para grabar su voz. Compañías como Behringer, Blue, Focusrite y otras venden configuraciones de podcast plug-and-play con calidad de estudio que pueden hacer que grabe hoy.

Ahora es el momento de planear su programa. Si estás haciendo un programa al estilo de una entrevista, ahora querrás comenzar a involucrar a algunos invitados. Puede usar su red social existente para comunicarse con personas que ya conoce o con las que está conectado en Twitter o Facebook. También puede dirigirse a Medio o Amazon para encontrar autores o expertos en temas específicos de su nicho.

Una vez que haya recopilado una lista, cree una plantilla de correo electrónico de extensión (ya que lo hará una y otra vez) que es breve y claro con las expectativas. Dígale a su entrevistado potencial quién es usted, de qué trata su podcast y qué le está pidiendo. Realice algunas entrevistas de prueba con amigos y familiares para asegurarse de que todo esté siendo grabado con la calidad que desea y luego reserve su primer episodio.

Si le gusta aprender un nuevo software o tiene experiencia con la edición de audio, puede armar el programa usted mismo. De lo contrario, hay muchos servicios que puede ayudar a editar y construir su programa en el lugar como UpWork y Fiverr.

Felicidades ¡Ahora tienes un episodio de podcast que está listo para ser cargado en iTunes, SoundCloud o en cualquier otro lugar y promocionado junto con el resto de tu contenido!

El último paso es decidir cómo comercializará y monetizará su podcast. Cuanta más audiencia tenga, más posibilidades tendrá de monetizarla. Cree un sitio web básico para su programa y comience a compartir episodios en su red. Cuando esté listo para monetizar, hay algunas opciones que puede elegir:

Publicidad tradicional (patrocinadores)

Vendiendo tus propios productos.

Donaciones y crowdfunding.

Vender contenido "solo para suscriptores"

Poner en vivo shows

Como Aaron Mahnke, creador del podcast Lore dice:

"Siempre le digo a los podcasters que utilicen la mayor cantidad de transmisiones posibles. No solo vendas anuncios en tu programa. No solo vendas camisetas No se limite a hacer crowdfunding. Hacer todo eso Combínelo y encuentre la combinación correcta, y juntos se suma a algo que es más fuerte y más confiable".

ÚNASE A UNA COMPAÑÍA REMOTA A TIEMPO PARCIAL (O TIEMPO COMPLETO)

Si bien la mayoría de las ideas para ganar dinero en línea que hemos cubierto hasta ahora se pueden hacer de manera adicional, si está buscando cambiar completamente su carrera y comenzar a trabajar en línea, hay miles de compañías que buscan contratar a quienes no les importa dónde. usted está.

Cada vez más empresas y nuevas empresas, especialmente, están adoptando el trabajo remoto, en el que utiliza la colaboración en línea y las herramientas de comunicación para realizar su trabajo desde cualquier lugar. Y no tiene que ser un diseñador o programador de 20 añitos para obtener los beneficios de trabajar de forma remota. Muchas posiciones remotas son para posiciones de soporte al cliente u otras posiciones orientadas al cliente que no requieren habilidades especializadas.

Mejor aún, tampoco están todos a tiempo completo, lo que significa que puedes encontrar una empresa remota y un trabajo que funcione como una forma de ganar dinero extra en línea.

Si está interesado, aquí hay una lista de algunos de los mejores lugares para encontrar trabajos remotos hoy:

We Work Remotely

Remote.co

Remotive

Skip the Drive

Virtual Locations

Remote OK

Flexjobs

Staff.com

Working Nomads

Jobspresso

Europeremotely

Jobscribe

WFH.IO

Outsourcely

PowerToFly

Landing.Jobs

AngelList

Authentic Jobs

The Muse

Idealist

Indeed

...

Ahora, hablemos sobre el resto de mis selecciones sobre las mejores maneras de ganar dinero en línea.

Si estás buscando construir una nueva carrera en línea, las diez primeras formas en las que acabamos de pasar son algunas de las mejores jugadas a largo plazo para hacer dinero en línea. Sin embargo, para muchas personas (yo incluido), es probable que desee encontrar otras oportunidades de negocio en línea rápidas donde pueda comenzar a ver un retorno más rápidamente.

Que es una gran idea. Por supuesto, ganar dinero en línea requiere paciencia y esfuerzo. Pero hay muchas maneras comprobadas en las que puede comenzar a ganar dinero hoy sin el largo tiempo necesario para crear una empresa nueva o hacer que su propio negocio independiente despegue.

Además, sin importar cuál sea su carrera, es importante diversificar de dónde provienen sus ingresos. Esto significa tener múltiples fuentes de ingresos de múltiples fuentes, como vender sus servicios independientes, ingresos de afiliados y pasivos, así como también coaching y otros trabajos extraños en línea.

Esto no solo multiplicará el dinero que está trayendo de una manera seria, sino que lo protege contra cualquier cambio repentino en el mercado o en su negocio. ¿Recuerdas ese viejo dicho sobre poner todos tus huevos en una canasta? Unas pocas horas a la semana comprometidas con solo una o dos de las siguientes oportunidades lo pondrán en una posición mucho más sólida para ser financieramente seguro e independiente.

Entonces, sin importar cuál sea su especialidad o nicho, hay una manera de usar sus habilidades para traer dinero extra en línea para usted.

SITIOS WEB DE PRUEBA

Probablemente tengas una idea bastante fuerte de lo que hace un buen sitio web. ¿El diseño es limpio y fácil de navegar? ¿Tiene sentido el contenido? Afortunadamente, hay muchas personas que quieren escuchar tus pensamientos. Y hasta te pagarán dinero decente por ello (¡la mayoría de los sitios pagan ~ $ 10 por 20 minutos, o ~ $ 30 por hora!)

Para probar estos sitios web, se le pedirá que visite el sitio en cuestión y registre sus reacciones y pensamientos a medida que avanza. Para comenzar a ganar dinero extra en línea probando sitios web, suscríbase a algunos de los servicios más populares como UserTesting.com, Userlytics, TryMyUI, Userfeel, TestingTime (para personas fuera de los EE. UU.) O Side Income Jobs.

NARRAR AUDIOLIBROS

La industria de los audiolibros está en auge, pero solo el 5% de los libros se convierten en formato de audio. Si tienes experiencia en la actuación, o si la gente ha dicho que tienes una voz creada para la radio, puedes ganar dinero extra grabando versiones de audio de libros independientes y populares. Sitios como ACX conectan a los autores con artistas de audiolibros. Por lo tanto, si usted es un autor que busca más formas de vender su libro o un actor / actor de voz que busca obtener algún ingreso adicional, puede vender sus servicios en línea.

ESCRIBE Y VENDE UN LIBRO ELECTRÓNICO (AMAZON SELF-PUBLISHING)

Mucha gente sueña con escribir un libro, pero nunca lo hace. Sin embargo, pase lo que pase, estoy seguro de que tiene experiencia y valor que podría aportar al escribir un libro. Al integrar sus habilidades y conocimientos en un libro electrónico descargable que ayuda a las personas a aprender una habilidad, avanzar en sus carreras o iniciar un negocio, puede cambiar la vida de alguien e incluso ganar buen dinero en línea.

Mejor aún, incluso puede cargar su propio libro en uno de los vendedores de libros más grandes del mundo: Amazon. Con la auto-publicación de Amazon, establece el precio, retiene los derechos de su libro y obtiene acceso a la audiencia masiva de Amazon. Por cada venta, mantienes el 70% y Amazon toma el resto como una tarifa. Si desea comenzar, consulte la excelente guía de Leslie Samuel para vender libros electrónicos en línea o siga a Tara Gentile en CreativeLive mientras le muestra cómo usar su cuerpo de trabajo existente para escribir un libro electrónico la próxima semana. Quién sabe, ¡podrías escribir uno de los mejores libros de negocios de este año!

HACER MICRO-TRABAJOS EN AMAZON MECHANICAL TURK

Amazon Mechanical Turk es un servicio que te permite ganar dinero en línea a través de microtasks pagados. Cada tarea es algo simple que requiere la interacción humana como calificar los resultados de búsqueda, verificar la ortografía correcta de los términos de búsqueda, categorizar el tono de un artículo o incluso la traducción básica. Puede realizar estas tareas desde cualquier lugar que desee y ganar dinero en línea con el minorista electrónico más grande del mundo.

UNIRSE A UNA RED INDEPENDIENTE (COMO UPWORK, O FIVERR)

Puede llevar tiempo construir su negocio personal independiente. Sin embargo, hay más demanda que nunca para los freelancers. Por lo tanto, si desea comenzar a ganar dinero en línea a través del trabajo independiente, puede unirse a una de las principales redes independientes, como UpWork, Fiverr, Guru, Freelancer.com o PeoplePerHour. Regístrese, cree su perfil, cargue algunas muestras de su trabajo y comience a ganar dinero extra haciendo pequeños trabajos independientes.

Incluso si ya tiene experiencia o clientes independientes, estas redes pueden ser una excelente manera de complementar sus ingresos y seguir llegando al trabajo sin perder demasiado tiempo en actividades de divulgación.

VENDA SUS SERVICIOS EN SITIOS ESPECIALIZADOS COMO 99DESIGNS, CLOUDPEEPS O TOPTAL

Si usted es un trabajador calificado en un nicho específico, como marketing, diseño o desarrollo de software, hay mercados especializados que se adaptan a usted. Estos son lugares increíbles para ganar dinero en línea, ya que sabes que las personas que los visitan están buscando específicamente las habilidades que tienes. Visite lugares como 99Designs o Dribbble para diseñadores, Cloudpeeps para profesionales de marketing y SEO, y TopTal, Crew o Gigster para desarrolladores de software de alto nivel. Una vez que haya desarrollado sus habilidades de desarrollo, puede comenzar a crear una marca para usted mismo como un consultor de mayor valor y comenzar a cobrar marcas para proyectos más grandes, como implementar una revisión completa de seguridad de WordPress o migrar un sitio web de http a https.

DISEÑO GRÁFICO PARA EMPRESAS LOCALES

Camine por su vecindario o ciudad y estoy seguro de que verá toneladas de excelentes negocios locales con un diseño terrible. Sin embargo, con herramientas cada vez más fáciles de usar como Adobe Illustrator, Venngage, Stencil y Visme, casi cualquier persona con una mentalidad creativa y una buena cantidad de motivación puede comenzar a ganar dinero en línea al ser un diseñador gráfico para las empresas locales.

MARKETING POR CORREO ELECTRÓNICO CON UN BOLETÍN DE NICHO (THE SKIMM, MISTER SPOILS)

¿Con cuántos boletines por correo electrónico se bombardean todos los días? Hay una razón para eso. La comercialización a un grupo de suscriptores de correo electrónico con interés activo es una de las mejores formas de ganar dinero en línea. Incluso ha habido negocios de millones de dólares creados a partir de simples boletines electrónicos como TheSkimm o Mister Spoils. Cada boletín se dirige a un tipo específico de usuario con contenido diario interesante, al mismo tiempo que se asocia con compañías y afiliados relevantes para generar dinero adicional. Si esto parece desalentador, no lo es. Herramientas como MailChimp, Seva (anteriormente ConvertKit), AWeber y ActiveCampaign, hacen que sea más fácil que nunca comenzar con el marketing por correo electrónico.

VENDE PRODUCTOS EN UNA TIENDA SHOPIFY

Si realmente quieres ganar dinero vendiendo cosas en línea, es casi imposible no recomendar Shopify. La plataforma le brinda todo lo que necesita para que su tienda en línea esté en funcionamiento en menos de un día, incluido un dominio personalizado, hermosas plantillas (para que no necesite habilidades de diseño), opciones de pago seguras, e incluso pueden encargarse del marketing. y envío para usted. Ya sea que esté vendiendo sus propios productos, diseños o curando otros productos para las personas en su nicho, Shopify es la mejor opción para impulsar su tienda en línea.

VENDE TUS ARTESANÍAS Y ARTE EN ETSY

Etsy es el mercado en línea más popular para productos hechos a mano y artesanías. Desde pulseras hasta estuches para teléfonos, anillos, muebles y más, Etsy es perfecto para cualquier persona que sea creativa y quiera vender sus creaciones hechas a mano. Mientras tenga el espacio, esto puede ser una de las mejores formas de ganar dinero en línea que puede comenzar con una inversión muy limitada. Considere estos 5 pasos para comenzar una tienda Etsy, de Handmadeology.

Si bien Etsy es un gran lugar para estar frente a clientes potenciales que de otra manera no lo habrían encontrado, una vez que esté en funcionamiento y haya creado una audiencia decente, puede pasar su tienda a Shopify y retener una parte más grande de Los ingresos que usted obtiene de la venta de sus bienes.

CONVIÉRTETE EN UN INFLUYENTE EN INSTAGRAM

Acumule un número de seguidores en su cuenta de Instagram y podría estar ganando rápidamente dinero extra en línea. Las principales marcas, las compañías de engranajes e incluso las nuevas empresas están dispuestas a desembolsar entre $ 500 y $ 5,000 por publicación para estar frente a su audiencia. Si bien cada vez es más difícil crear una audiencia masiva de Instagram, si ya tiene un nicho sólido y publica contenido de calidad con regularidad, con algunos pequeños ajustes puede convertirse en un factor de influencia. Echa un vistazo a este impresionante artículo de Shopify sobre cómo construir y hacer crecer tus seguidores de Instagram para comenzar.

https://www.shopify.com/blog/14288561-how-to-build-a-massive-following-on-instagram

VENDE TU ARTE Y DISEÑOS EN SOCIETY6

Si bien Etsy es fantástico para los productos hechos a mano que ya ha creado, si tiene diseños asombrosos que se verían bien en carcasas de teléfonos, camisetas o incluso en tapices, almohadas y edredones, puede venderlos en Society6 sin pagando cualquier cosa para empezar Society6 permite a los artistas cargar sus diseños y crear sus propias tiendas donde eligen en qué productos pueden usarse sus diseños. Eso significa que se puede usar un diseño para hacer toda una gama de productos asombrosos que se imprimen y envían a pedido cuando alguien le compra. Con los mejores creadores ganando miles cada mes solo por vender sus diseños.

CONSULTORÍA DE NEGOCIOS LOCALES

Si ha desarrollado un conjunto de habilidades valiosas o ha obtenido certificaciones dentro de su industria a lo largo de los años, ofrecer sus servicios de consultoría a los propietarios de negocios locales puede ser una forma lucrativa de ganar dinero en línea. Si usted es un experto en marketing, estratega de negocios o aficionado a la fabricación, es probable que haya un propietario de un negocio local que esté dispuesto a pagarle para ayudarlo a resolver un problema con su compañía. Comience con esta lista de verificación de 18 pasos para convertirse en un consultor de negocios local de Karyn Greenstreet y luego use la guía para crear un correo electrónico frío efectivo para convencerlos de que lo contraten.

Lista de 18 pasos (ingles)

http://www.passionforbusiness.com/articles/be-a-small-business-consultant.htm

Guía para crear un correo electrónico frio efectivo (ingles)

https://www.ryrob.com/cold-email/

VENDER FOTOS EN LÍNEA

Si tienes cariño y talento para tomar fotos, puedes ganar dinero extra en línea convirtiéndote en un fotógrafo de valores y vendiendo tus imágenes a una compañía de fotos como ShutterStock o iStockPhoto. Obtendrá regalías cada vez que alguien le otorgue una licencia a una imagen que haya enviado. Para ser realmente exitoso, construya su propio sitio web de fotografía para poder mostrar su cartera y comenzar a obtener trabajos corporativos privados mejor pagados.

ALQUILE SU CASA O HABITACIÓN EN AIRBNB

Airbnb no solo es una excelente manera de ganar dinero extra en línea al alquilar su habitación de repuesto, sino que también obtiene el beneficio de conocer gente nueva (si es su tipo de cosa). Incluso puedes alquilar un apartamento completamente nuevo solo para administrar como Airbnb.

Pero no cometa el error de pensar que esto será una fuente pasiva de ingresos: estará de guardia cada vez que tenga un invitado y siempre deberá mantener el lugar limpio para los visitantes que ingresan. Además de alquilar Airbnb, considere ofrecer a sus invitados complementos de pago, como por ejemplo Lauren Gheysens, Royal Day Out en Londres, Inglaterra, donde ofrece a los visitantes el único recorrido local de la ciudad, completo con trajes a medida del siglo XVIII.

INICIAR UN NEGOCIO DE CAMISETAS EN LÍNEA

A veces es difícil comprender cuánto aman las camisetas las personas. Y con el nicho, el marketing y las herramientas adecuados, puede crear un negocio de camisetas en línea que le permita ganar dinero extra en línea mientras duerme. (Incluso Bloomberg y Forbes cuentan historias de empresarios que han hecho precisamente eso). Servicios como TeeSpring hacen que sea más fácil que nunca crear un negocio de envío de camisetas en el que se encarguen de las ventas, la impresión y el envío. Solo responsables de diseño y marketing. Para obtener más consejos, consulte esta guía sencilla para lanzar y comercializar una tienda de ropa en línea en Selz.

Guía sencilla para lanzar y comercializar una tienda de ropa en línea (ingles)

https://founderu.selz.com/open-clothes-store-blog-5-steps/

VENDE TU EXPERIENCIA EN CLARITY.FM

Si tiene experiencia y experiencia en un área específica de negocios, hay cientos, si no miles, de propietarios de negocios a quienes les encantaría acudir a una llamada telefónica y elegir su cerebro. Esta puede ser una manera fácil de ganar dinero extra en línea y de perfeccionar sus habilidades para utilizarlas en su consultoría o negocio independiente. Los sitios como Clarity.fm le permiten crear un perfil donde los empresarios y dueños de negocios pueden pagar por adelantado para reservar una llamada telefónica con usted por un tiempo determinado. Ya sea que sea un experto en recaudar dinero para nuevas empresas, crear aplicaciones o administrar un restaurante, puede ganar dinero extra vendiendo unos minutos de su tiempo a las personas que lo necesitan.

RESPONDER PREGUNTAS PROFESIONALES EN JUSTANSWER

Si aún no está claro, la información y la experiencia son dos de las formas más consistentes y lucrativas de ganar dinero extra en línea. Si no le gusta hablar por teléfono, puede inscribirse para recibir un pago para responder preguntas profesionales en JustAnswer. Cada mes se hacen miles de preguntas a personas que buscan ayuda de abogados, médicos, mecánicos, veterinarios y más. Para presentar la solicitud, deberá proporcionar su verificación profesional, currículum y una forma de identificación.

CONVIÉRTETE EN UN ASISTENTE VIRTUAL

Si tiene una habilidad especial para la organización, puede ganar dinero en línea como asistente virtual para ayudar a las personas a mantener sus días en orden. Un asistente virtual hará todo lo posible, desde la contabilidad hasta la investigación, la entrada en la base de datos, la reserva de viajes y la administración del correo electrónico. También puede ser una forma increíble de codearse con algunas personas muy importantes, construir su red profesional y, por supuesto, aumentar otro flujo de ingresos. Puede encontrar grandes conciertos en UpWork, Fiverr, Indeed y Remote.co.

OBTENGA UN CONCIERTO DE VENTAS SOLO PARA LA COMISIÓN

Si está dispuesto a asumir algún riesgo y tener el corazón de un verdadero estafador, puede ganar dinero extra en línea realizando ventas a comisión únicamente para nuevas empresas y otros negocios. Si bien no obtendrás un salario regular, con las estrategias y habilidades de ventas adecuadas como representante de ventas interno, puedes ganar dinero decente por cada venta que traigas. Y porque lo más probable es que trabajes con nuevas empresas, si puede negociar un poco de capital que podría obtener grandes beneficios si está lanzando un producto sólido y la puesta en marcha tiene éxito.

Si necesita mejorar sus habilidades de ventas, consulte los cursos en línea como Capacitación de ventas y Prospección en Udemy, La Guía para lanzar y vender clientes en CreativeLive. Y una vez que esté listo, diríjase a la Lista de ángeles y vea si hay oportunidades de posiciones de ventas abiertas alineadas con sus intereses.

Capacitacion de ventas y prospección en Udemy (ingles)

https://www.udemy.com/sales-training-sales-prospecting-for-beginners/?siteID=BPxRG2Ob5Wg-3HAB5hCjVuYCljzw4vCXLw&LSNPUBID=BPxRG2Ob5Wg

Guia para lanzar y vender clientes en CreativeLive (ingles)

https://www.creativelive.com/class/the-entrepreneurs-guide-to-pitching-clients-and-getting-sales-peter-corbett?utm_source=1175500&utm_campaign=SASoffer&utm_content=630757787&utm_medium=affiliate

Lista de ángeles

https://angel.co/jobs#find/f!%7B%22keywords%22%3A%5B%22sales%22%2C%22commission%22%5D%7D

ENSEÑAR INGLÉS COMO TUTOR VIRTUAL

Enseñar y dar clases particulares de inglés como segundo idioma es una excelente manera de ganar dinero en línea, por no hablar de abrir algunas puertas para que viaje por el mundo si lo desea. Si bien se recomienda la acreditación completa de ESL (inglés como segundo idioma), siempre que sea un hablante nativo y tenga la capacidad de enseñar, hay personas en países como Hong Kong o los Emiratos Árabes Unidos que están dispuestos a pagar más de $ 25 / hr para que les enseñes inglés por Skype. Echa un vistazo a Indeed, Learn4Good y Remote.co para trabajos de tutoría remota en inglés o regístrate en un sitio especializado como VerbalPlanet o Chegg Tutors.

PUBLICACIÓN DE INVITADOS COMO ESCRITOR INDEPENDIENTE PARA SITIOS WEB ESPECIALIZADOS

Si tiene experiencia con las palabras y la experiencia en un nicho, hay muchos sitios que pagarán los artículos y el contenido que escriba. Piensa en los sitios que lees regularmente. ¿Qué puedes aportar a ellos que sea interesante? Investigue su nicho y luego busque formas de lanzar artículos. Muchos sitios simplemente tendrán un enlace de envío o contacto en el pie de página. Para comenzar, eche un vistazo a mi guía completa para convertirse en un escritor independiente y luego envíe sus artículos a lugares como Listverse, TopTenz, A List Apart, International Living, FundsforWriters y Textbroker.

ESCRIBE EN EL PROGRAMA DE SOCIOS DE MEDIUM

Medium es una comunidad en línea donde cualquier persona puede publicar artículos y ensayos y mostrarlos a su audiencia de millones de lectores mensuales. Si bien puede ser un gran lugar para crear su audiencia para su propio blog o encontrar clientes para su negocio de consultoría, con el nuevo Programa de Socios de Medium, ahora puede ganar dinero en línea cada vez que alguien lea sus artículos. Regístrese de forma gratuita y puede elegir si sus artículos están disponibles de forma gratuita o solo para aquellas personas que pagan $ 5 / mes por una membresía Medium Premium. Ganarás dinero según la cantidad de personas que lean y participen con tus publicaciones cada mes.

AYUDAR A LAS PERSONAS CON SU PREPARACIÓN DE IMPUESTOS

No es el tipo de oportunidad de hacer dinero en línea que está cubierto de gloria, pero todos necesitan un par de ojos para asegurarse de que los números se acumulen al final del año. Todas las empresas y la mayoría de las personas necesitan a alguien que les ayude a preparar las declaraciones de impuestos, especialmente a los propietarios de pequeñas empresas con poco tiempo o recursos. La Escuela de impuestos sobre la renta ofrece una variedad de programas de capacitación que lo certificarán con la preparación de impuestos en tan solo 10 semanas, y una vez que finalice la temporada de impuestos, podrá cobrar un promedio de $ 229 por declaración como preparador de impuestos independiente con Esta idea de negocio lateral, informa CNBC.

TRANSCRIBIR AUDIO Y ENTREVISTAS

Periodistas, médicos, abogados, académicos e investigadores graban entrevistas todos los días y necesitan a alguien que transcriba lo que se ha dicho. Por lo tanto, si se siente cómodo escuchando el mismo audio una y otra vez mientras lo escribe, puede ganar mucho dinero en línea haciendo las transcripciones.

La mayoría de los servicios pagan entre $ 15 y $ 25 por hora de audio transcrito. Si se especializa y tiene capacitación en transcripción legal o médica, puede hacer aún más. Si eres un transcriptor principiante, puedes encontrar trabajos en Transcribe Anywhere, TranscribeMe, Quicktate, Rev, Tigerfish y Crowdsurf.

ARTÍCULOS DE REVISIÓN

Mientras exista la palabra escrita, siempre habrá editores. La edición y revisión independiente no solo paga un salario por hora decente, sino que también le brinda la oportunidad de leer sobre temas potencialmente interesantes. Además, seguir la escritura y edición independiente como una idea de negocio puede brindarle un estilo de vida que le permite viajar por el mundo como un nómada digital. Puede encontrar un montón de ofertas de trabajo de empresas y personas que necesitan servicios de redacción, revisión y edición en Upwork, lo que hace que esta sea una oportunidad de alta demanda para ganar dinero en línea.

ETIQUETADO PRIVADO Y VENTA DE PRODUCTOS EN AMAZON

Más de 500 millones de productos se venden en Amazon cada mes, por lo que es una oportunidad increíble para ganar dinero en línea. Pero, como todo lo demás que implica ganar dinero en línea, tienes que hacer un poco de trabajo para ganarlo. Una opción en Amazon es encontrar productos que ya están hechos y comprarlos y venderlos con descuento. Por ejemplo, puede buscar productos genéricos como relojes, llaveros y tazas para adjuntarlos a su marca. Para una inmersión profunda increíble sobre cómo ganar dinero extra con esta estrategia, vea cómo el comercializador digital Neil Patel hizo esto recientemente como un experimento público aquí mismo en su blog.

Experimento publico blog (ingles)

https://www.quicksprout.com/2015/05/11/how-im-going-to-achieve-the-100k-a-month-challenge-without-using-my-name/

CONSULTOR DE VIAJES EN LÍNEA

Si te encanta viajar y te encuentras al azar buscando ventas de pasajes aéreos o navegando por Lonely Planet, ¿por qué no crear un nicho para ti mismo como agente de viajes privado? Mark Jackson hizo precisamente eso, haciendo dinero extra en línea con su negocio paralelo de consultoría de viajes. Comience con recomendaciones de boca en boca de amigos que saben que pueden contar con usted para los vuelos más baratos, y luego continúe y cree un grupo de Facebook o LinkedIn para invitar a las personas que desean estar al tanto de las últimas ofertas. Eventualmente, puede convertir esto en una consultoría de tiempo completo que enseña a las personas cómo hacer realidad el viaje de sus sueños.

Como hacer realidad el viaje de sus sueños (ingles)

https://www.creativelive.com/class/make-your-dream-trip-reality-chris-guillebeau-stephanie-zito?utm_source=1175500&utm_campaign=SASoffer&utm_content=583623203&utm_medium=affiliate

HACER TRABAJOS VIRTUALES IMPARES EN TASKRABBIT

Si no le importa hacer las tareas de otras personas, TaskRabbit es una excelente opción para ganar dinero en línea. Gane ingresos adicionales paseando al perro de su vecino o cortando el césped del Sr. Smith. Puede parecer que no es la opción más lucrativa, pero los principales encargados de tareas ganan hasta $ 7000 al mes, por lo que esta es una forma de ganar dinero en línea para algunos a tiempo completo.

LIMPIAR LOS MOTORES DE BÚSQUEDA

¿Alguna vez vio un resultado de Google y dijo "¿Cómo diablos llegó eso?" Mientras que Google y otros motores de búsqueda utilizan algoritmos potentes para determinar qué páginas mostrar en los resultados de búsqueda, hay personas reales que hacen dinero en línea asegurándose de que las máquinas estén funcionando. su trabajo correctamente.

Con sitios como Appen y LionBridge, puede ganar dinero realizando investigaciones sobre consultas de búsqueda predefinidas y proporcionando retroalimentación para los resultados en función de su relevancia.

PARTICIPA EN CONCURSOS EN LÍNEA PARA NOMBRES DE EMPRESAS Y LEMAS

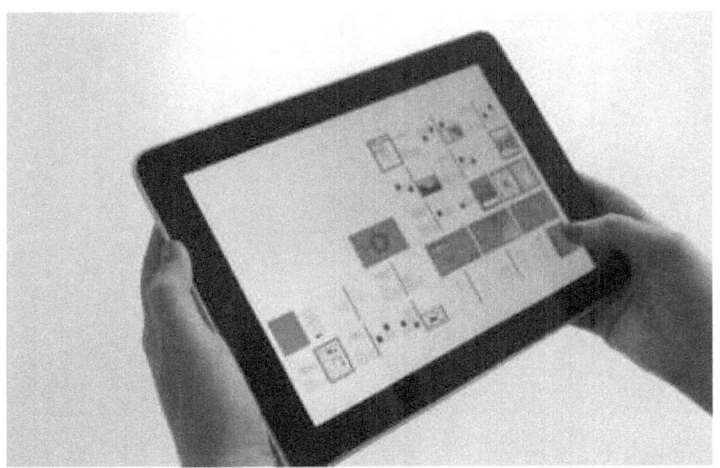

¿Constantemente se te ocurren ingeniosas de una sola línea? ¿Sueñas con los días de la publicidad al estilo de Mad Men? Si tienes algunas habilidades de marca o solo tienes una copia imaginativa, hay muchas oportunidades para ganar dinero en línea a través de concursos de nombres y eslogan de la compañía. Si cree que tiene un don de nombres, visite namingforce.com y squadhelp.com. Si sueñas con una copia ingeniosa, prueba con los eslógans de la compañía en Slogan Slingers y Get a Slogan.

RECIBE DINERO POR SER SALUDABLE

No paga mucho, pero si usted es una persona saludable y quiere ganar un poco de dinero extra en línea, la aplicación AchieveMint lo recompensará por hacer cosas como caminar, rastrear sus alimentos o realizar encuestas de salud. AchieveMint funciona conectándose a las aplicaciones de acondicionamiento físico que ya esté usando como Fitbit, RunKeeper, Healthkit y MyFitnessPal y luego le otorga puntos por ciertas acciones. Por cada 10,000 puntos, usted gana $ 10 sin límite en sus ganancias.

ESCRIBE RESEÑAS DE LOS LUGARES DONDE HAS ESTADO

¿Cuándo fue la última vez que fue a un nuevo restaurante sin buscarlo en línea de antemano? ¿O compró un producto que no tenía al menos algunas reseñas de 5 estrellas? Parece que cada vez más nuestro mundo se ejecuta en revisiones. Y puedes ganar dinero en línea escribiéndolos. Comience creando cuentas en sitios como Vindale research, Software Judge, FameBit, CrowdTap, Influence Central y Modern Mom. Sin embargo, antes de salir corriendo y comenzar a escribir, asegúrese de revisar la letra pequeña en cada uno de estos sitios. Escribir comentarios no es una gran fuente de ingresos garantizados y usted quiere asegurarse de que valga la pena dedicarle su tiempo antes de comenzar.

HACER ENTRADA DE DATOS PARA EMPRESAS

Si eres fanático de los detalles y tienes habilidades de escritura rápida, puedes ganar dinero en línea ingresando datos para las empresas. Simplemente busque trabajos de "entrada de datos" en lugares como Craigslist, Indeed o UpWork.

EDITOR DE ENSAYOS DE ADMISIONES UNIVERSITARIAS

Si edita y asesora a estudiantes universitarios sobre cómo escribir ensayos convincentes de 500 palabras sobre temas como "Acaban de invitarlo a hablar en la Casa Blanca. Escriba su discurso" parece algo que querría hacer, puede ganar mucho dinero en línea .

Confíe en mí, un montón de padres le pagarán para editar ensayos de admisión y ofrecer comentarios constructivos para sus hijos. Busque posiciones abiertas en las principales empresas de edición como Scribendi, Top Admit o Essay Edge o publique sus servicios en línea en Craigslist y otros mercados.

AYUDA A LOS NUEVOS MAESTROS VENDIENDO TU PLAN DE ENSEÑANZA

Ser un nuevo maestro puede ser estresante. Es por eso que tantas personas buscan comprar sus viejos planes de enseñanza para ayudarlos a sentirse más cómodos frente a su primera clase. Si eres profesor, puedes ganar dinero en línea a través de un sitio como Teachers Pay Teachers, que te permite comprar y vender tus materiales de enseñanza originales.

DÉ SU OPINIÓN EN GRUPOS FOCALES Y ENCUESTAS EN LÍNEA

Si desea ayudar a dar forma a los productos en sus primeras etapas, unirse a un grupo de enfoque en línea o responder preguntas de una encuesta es una excelente manera de ganar dinero extra en línea. No pagan tanto como algunas de las otras opciones que hemos resaltado, pero puede unirse a grupos en sitios como Survey Junkie, Swagbucks e IPSOS que se pagan a través de las tarjetas de regalo de Amazon, cheques o PayPal. Se le pedirá que proporcione un poco de información sobre sus datos demográficos (edad, ubicación, etc.), pero después de eso puede comenzar a ganar dinero a través de encuestas.

MANTENER PÁGINAS DE FANS DE ARTISTAS

Su artista, músico o empresario favorito a menudo necesita ayuda para mantener sus páginas de fans en Twitter y Facebook. Si tiene un poco de experiencia en redes sociales, puede ganar dinero en línea cuidando estas páginas buscando trabajo en Fiverr.

CUIDAR LAS MASCOTAS DE OTRAS PERSONAS

En 2017, había casi 90 millones de perros en los Estados Unidos. Lo que ha abierto una gran oportunidad de ganar dinero en línea como vigilante o cuidador de perros. Sitios especializados como Rover o Care.com conectan a los dueños de mascotas con paseadores de mascotas, cuidadores y pensiones para ayudar a cuidar a sus mejores amigos cuando están en el trabajo o en un viaje. Si eres un amante de los animales, puedes ganar dinero extra y pasar un momento agradable con un amigo peludo.

VENDE TU VIEJO TELÉFONO INTELIGENTE Y OTROS PRODUCTOS DE TECNOLOGÍA

La industria global de teléfonos inteligentes usados tiene un valor asombroso de $ 5 mil millones. Lo que significa que un teléfono viejo que olvidó en su gabinete podría valer un poco de dinero.

Hay toneladas de sitios en línea que comprarán su teléfono inteligente antiguo o le permitirán listar su teléfono para las miles de personas que no están dispuestas a pagar $ 1000 o más por un iPhone nuevo y brillante. Echa un vistazo a Orchard, Gazelle, Swappa o Glyde para ganar dinero extra en línea vendiendo tu teléfono inteligente u otros aparatos electrónicos.

VENDE TUS LIBROS ANTIGUOS

Si desea despejar un poco de espacio en su casa y tener una gran pila de libros que ha mantenido durante demasiado tiempo, puede ganar dinero vendiendo sus libros y libros de texto en línea. Las tiendas como Half Priced Books y otras te darán centavos por cada uno de tus libros actuales, mientras que puedes verificar el valor de tu libro simplemente ingresando el número ISBN en Book Scouter.

ALQUILE O VENDA SU ROPA EN LÍNEA

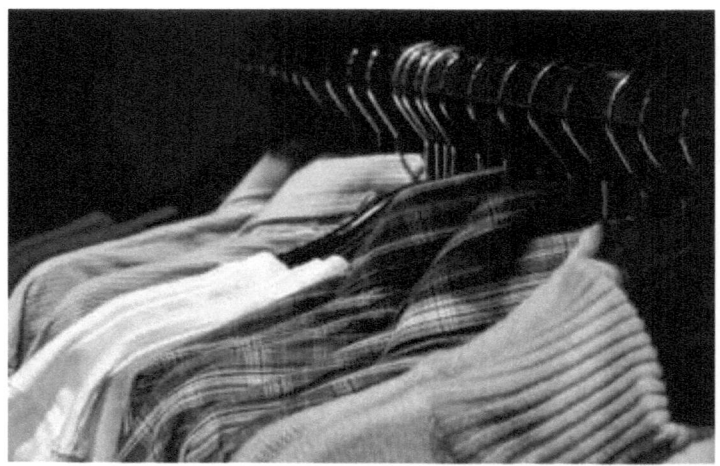

¿Está tu armario lleno de ropa que ya no usas? En lugar de llevarlos a una tienda local de artículos de segunda mano o de consignación, puede ganar dinero en línea alquilando para vender su ropa. Visite sitios como Tradesy, SnapGoods.com, Loanables.com y RentNotBuy.com.

Si estas en algún país de Latinoamérica, puedes crear tu tienda en línea y alquilar para vender su ropa.

CONSULTOR DE CITAS EN LÍNEA

Lo creas o no, algunas personas tienen un momento tan difícil con las citas, ni siquiera quieren participar en el componente en línea (o basado en la aplicación). Si eres un buen conversador, puedes aprovechar esa habilidad para hacer dinero en línea como casamentero en sitios como eFlirtExpert.

ALQUILA TU COCHE EN TURO

Si tienes un auto pero apenas lo usas, puedes ganar algo de dinero fácil en línea al alquilarlo en Turo. Antes de enloquecer, descanse sabiendo que hay una póliza de seguro de $ 1 millón en todos los autos alquilados en Turo, además de que los conductores están preseleccionados.

Articulo

https://elsouvenir.com/turo-el-airbnb-de-los-automoviles-te-atreverias/

CONVIÉRTETE EN UN REDACTOR O COLUMNISTA DE NOTICIAS EN LÍNEA

No es necesario tener un título en periodismo para ganar dinero en línea como reportero o columnista en estos días. Además, hay muchos sitios web de noticias que siempre pueden usar un poco de ayuda para obtener cobertura local.

Algunos de ellos, como The Examiner, compensarán a los contribuyentes en función de los ingresos por publicidad generados por cada artículo escrito.

COMPRAR Y VENDER NOMBRES DE DOMINIO

Imagine ser el propietario original de Insure.com (que se vendió por $ 16 millones en 2009).

El intercambio de nombres de dominio ha existido durante las últimas dos décadas, y aunque la mayoría de los nombres de slam-dunk se han vendido, todavía hay muchos otros a los que puedes acceder por un precio relativamente barato y un corredor como una forma de ganar dinero en línea. Sin embargo, antes de sumergirse, tenga en cuenta que algunos expertos dudan de la viabilidad a largo plazo de esta idea para hacer dinero en línea. Sin embargo, siempre existe el cambio que podría obtener en un lucrativo nombre de dominio para una futura compañía de miles de millones de dólares. Para comenzar, aquí hay algunos consejos de GoDaddy, posiblemente el repositorio de nombres de dominio más grande y famoso del mundo.

Consejos de GoDaddy (ingles)

https://www.godaddy.com/garage/5-tried-and-true-tips-for-buying-and-selling-domain-names-for-profit/

HACER ANÁLISIS DE DATOS PARA EMPRESAS

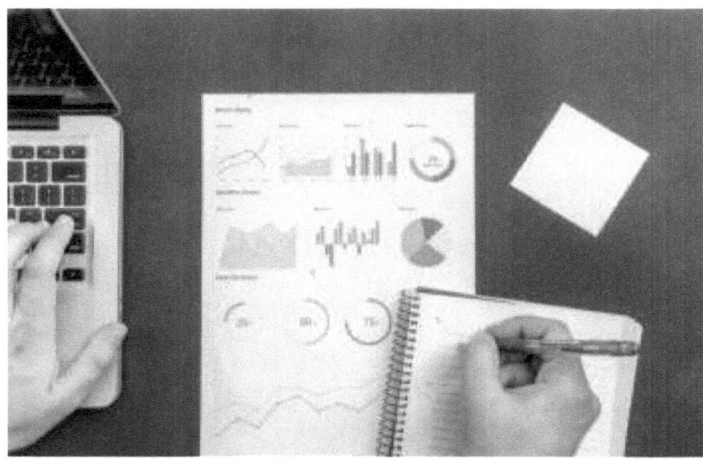

¿Tienes una cosa para los números? Muchas compañías pagan a contratistas talentosos que son buenos en el análisis de datos, lo que hace que esta sea una forma potencialmente lucrativa de hacer dinero en línea, si tiene las credenciales y la experiencia adecuadas. Plataformas como Upwork y Digiserved son solo dos de los muchos sitios web que son excelentes para los freelancers con una destreza analítica.

ENTRENADOR PERSONAL EN LÍNEA O ENTRENADOR FÍSICO

Si eres aficionado al ejercicio y tienes la combinación correcta de carisma y sentido comercial, trabajar como entrenador personal en línea a tiempo parcial puede ser gratificante tanto física como financieramente. Una vez que usted mismo construya una reputación y una base de clientes, podría convertirse fácilmente en un esfuerzo de tiempo completo para usted. Echa un vistazo a esta entrevista con varios propietarios de blogs de fitness que se ganan la vida en línea, de MonetizePros. Además, recomendaría revisar este recurso si desea tomar en serio esta idea de negocio y comenzar con un plan de negocios para su negocio de entrenador físico personal hoy.

Plan de negocios para su negocio de entrenador físico personal (ingles)

https://www.mypersonaltrainerwebsite.com/business-management-toolkit.html

VENDE TUS CANCIONES

La industria de la música podría no ser tan fuerte como lo fue en los años 80, pero todavía hay muchas maneras de hacer dinero en línea como músico. Sitios como SoundBetter le permiten vender sus servicios como compositor, productor o músico de sesión a miles de clientes al mes. Si bien Musicbed, Music Vine, Marmoset y SongFreedom son perfectos para otorgar licencias de su música a programas de televisión, películas y series web.

Si estás viviendo en latinoamerica y tienes habilidades para componer canciones te recomiendo esta página https://es.cdbaby.com/sell-music

SUBCONTRATE SU TRABAJO EXTRA Y COMIENCE UNA AGENCIA EN LÍNEA

Una vez que se haya establecido en cualquiera de las numerosas verticales independientes en línea, dedique su tiempo a concentrarse solo en ventas internas (reservar contratos independientes con clientes de alto valor) y luego subcontratar su trabajo a otros profesionales independientes puede ser una excelente manera de hacer dinero en línea.

En lugar de simplemente vender su propio tiempo, estará construyendo un negocio que puede escalar y crecer más allá de las horas que tiene que vender cada día.

CREA VIDEOS DE BRICOLAJE O COCINA

¿Conoces esos videos de cocina o manualidades de arriba hacia abajo de los que parece que no puedes alejarte en estos días? Hay gente por ahí que se ganan la vida con ellos. El 78% de las empresas B2C dependen del contenido generado por el usuario, como esos videos, para sus campañas de marketing. Puedes registrarte como creador en un sitio como Darby Smart y, posiblemente, trabajar con marcas como Nordstrom, Mattel y BarkBox. O bien, utilícelos para construir su siguiente YouTube y monetizar a través de anuncios y vistas.

EDITAR VIDEOS EN LÍNEA

El video está creciendo como loco. Y cada vez más personas buscan ayuda profesional para recortar sus imágenes en bruto en contenido digno de virus. Si tiene el software adecuado y un poco de habilidad, puede ganar dinero fácilmente en línea como editor de video. Consulte este artículo de Fstoppers sobre cómo convertirse en un editor de video en línea y luego busque trabajos relevantes en Mandy.com, Creative Cow Job Search o ProductionHub.

CONSTRUIR UN SITIO WEB DE NICHO

Encuentre un público para su pasión o pasatiempo y está listo para ganar dinero en línea haciendo algo que ama a través de un sitio web especializado. Eso, por supuesto, es más fácil decirlo que hacerlo. Crear un sitio web de nicho rentable lleva tiempo y no está destinado a personas de corazón débil. Pero, si puede superar los grandes desafíos y responder positivamente algunas preguntas clave sobre si la idea de negocio del sitio web en la que está pensando es rentable, entonces puede comenzar a construirla y eventualmente monetizarla a través de publicidad, afiliados u otros productos relevantes.

CONVIÉRTETE EN UNA SUPERESTRELLA DE SERVICIO AL CLIENTE

¿Te gusta hablar con la gente y ayudarles a superar los problemas? Puede generar ingresos adicionales como una superestrella de atención al cliente por contrato para empresas de todo el mundo. Debido a la naturaleza 24/7 de los negocios en línea, las empresas están buscando personas en diferentes zonas horarias para ayudar a lidiar con los problemas que tienen sus usuarios. Mejor aún, si tiene experiencia en el servicio o en el comercio minorista, estará perfectamente preparado. Echa un vistazo a los otros tableros de trabajo remotos que mencione anteriormente para encontrar oportunidades.

COMPRAR UN SITIO WEB EXISTENTE

Los sitios web no son muy diferentes a las acciones. Muchos son basura, pero otros pueden generar ingresos serios para usted, lo que hace que comprar un sitio web existente sea una buena idea para ganar dinero en línea (si es que tiene un ojo para detectar el diamante en bruto).

Puede comprar y vender sitios web con la esperanza de generar ganancias futuras en función de su tráfico de usuario, ingreso actual, nombre de dominio o algunos otros factores que podrían ser una fuente oculta de efectivo que todos los demás han pasado por alto. ¿Interesado? Visite mercados como Flippa y Flipping Enterprises para obtener más información.

CONVIÉRTETE EN UN NOTARIO EN LÍNEA

Cada año, cientos de millones de documentos son notariados en los Estados Unidos: testamentos, hipotecas, formularios de ciudadanía, solicitudes de armas de fuego. Mientras que durante décadas, todo esto se ha hecho en persona, hay una cosecha incipiente de sitios que permiten a los notarios llevar sus servicios en línea. Si ya eres notario, puedes vender tus servicios en línea. O, si desea comenzar, consulte la lista de verificación del Notario Nacional para convertirse en un notario certificado.

Si vives en Latinoamérica, no vas a poder ejecutar este servicio.

Notarycam (ingles)

https://www.notarycam.com

EJECUTAR TALLERES CORPORATIVOS

Otra forma de utilizar su talento y habilidades empresariales es realizar talleres corporativos en línea. Las empresas siempre están buscando formas únicas para ayudar a educar a su fuerza laboral, y si puede agrupar sus talentos en una sesión de un día o de medio día, puede venderlos a empresas de todo el mundo para ganar dinero en línea. Comience creando un portafolio y luego comuníquese con LinkedIn para influir en las compañías relevantes para ver si estarían interesados en que usted enseñe a su equipo.

PRESTA TU VOZ A LAS NARRACIONES

¿Alguna vez alguien te ha dicho que tienes una voz para la radio? ¿Eres genial creando personajes originales solo con tu voz? Hay un montón de personas que buscan pagar por voces de calidad para sus videos corporativos, series de animación o videos educativos. Visite Fiverr y UpWork o cree un perfil en un sitio especializado como Voices.com o The Voice Realm para comenzar a hacer dinero en línea haciendo narraciones.

CONSULTOR DE MARKETING PARA PEQUEÑAS EMPRESAS

Si tiene experiencia en marketing, SEO o una habilidad especial para entusiasmar a la gente con los productos y servicios que usa regularmente, piense en perfeccionar sus habilidades y ponerlas a trabajar haciendo dinero en línea como un consultor de marketing de pequeñas empresas en su región —Especialmente si puede convertirse en un experto en SEO local y puede ayudar a los clientes locales a obtener mejores resultados en sus resultados de búsqueda.

Las empresas de todos los tamaños tienen la necesidad constante de atraer más clientes, que es donde usted entra con su idea de negocio. Comience presentando ideas de marketing creativas para pequeñas empresas a las empresas locales y se asegurará de impresionar al primer grupo de clientes con los que comienza a trabajar en su área.

ALQUILE SU EQUIPO DE CÁMARA

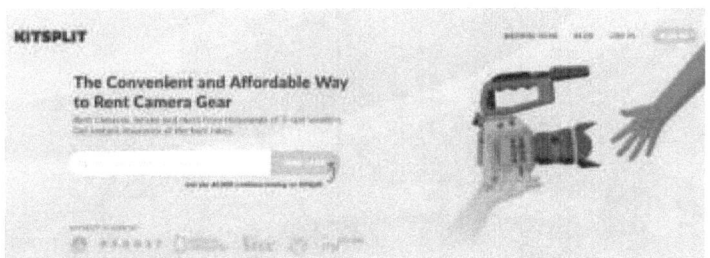

Gracias a los sitios web del mercado en línea como KitSplit, nunca ha sido tan fácil alquilar su equipo de cámara que pasa más tiempo sentado en su armario que en el campo. Desde cámaras a lentes y mucho más, hay más de 40,000 personas que usan KitSplit para obtener un ingreso pasivo al alquilar el equipo de cámara que ya poseen.

MANEJANDO CON UBER, CABIFY

¿Pensando en aumentar sus ingresos? Poner su carro a producir como una segunda entrada de dinero puede ser una alternativa.

o primero que debe saber es que Uber no es un empleador, es decir, no contrata conductores sino que el tipo de contrato es algo como una figura de asociación, no existe relación laboral alguna, no se exige un determinado horario de trabajo, ni tiempo mínimo para prestar los servicios y la rentabilidad dependerá del tiempo y vehículo que usted emplee.

Requisitos para poner un carro en Uber:

Cedula

Pase

Pasar la verificación de antecedentes

Tener los papeles de su carro al día (soat, tarjeta de propiedad, revisión técnico mecánica, no tener infracciones)

Tener un 'smartphone' y plan de datos para la aplicación

Tener un carro modelo de 2006 en adelante

El carro debe tener 4 puertas

Foto del vehículo

Una vez que usted envía los requisitos descritos atrás, le envían un mensaje de activación de usuario nuevo a los 3 o 5 días siguientes.

Además usted recibe una capacitación virtual de atención al cliente que lo entrena para ofrecer el buen servicio que caracteriza a los conductores Uber, porque tiene que tener presente que en la aplicación sus usuarios lo califican en cuanto a cómo maneja y como los atendió, lo cual, si le dan mala calificación puede producir la suspensión de su usuario.

Freddy Pérez, a quien le cambiamos el nombre por su seguridad, nos contó que poner un carro en Uber trae buena rentabilidad porque del 100% que se obtenga en la semana, Uber consigna todos los martes a la cuenta bancaria el 80% del consolidado de pago que arrojó el sistema. (Montoya)

Pero para que usted sepa cuánto puede llegar a ganar, Freddy nos contó que es profesional y que utiliza su carro para un segundo ingreso, dice que cuando quiere trabajar solo activa la aplicación, se conecta y empieza a recoger a sus usuarios. Trabajando de cinco a ocho y media de la mañana y de cuatro a siete pm le deja ingresos libres de $34 dolares diarios. Por lo tanto, de usted depende cuál será su rentabilidad o ganancia mensual.

Otra forma de conseguir ingresos con Uber es refiriendo gente, por quienes recibirá un bono de $60 dólares una vez ese conductor realice 20 viajes.

Un gran beneficio que tienen los conductores de Uber es que gozan del apoyo de la marca en caso de un incidente o accidente, porque se hacen responsables. Por ejemplo si a usted le ponen un parte, ellos le piden que haga el curso para obtener el 50% de descuento y le pagan la mitad de los que cueste la sanción, si lo estrellan también le pagan un porcentaje que cubra los daños.

También usted cuenta con una línea de emergencias que lo mantienen atento de retenes o problemas de seguridad.

Lo que debe tener en cuenta

Los conductores tienen el apoyo de Uber en caso de accidentes o incidentes con su vehículo

Le pagan todos los martes lo que hizo en la semana anterior

Tiene los datos de los usuarios para su seguridad y el de los pasajeros

Los vehículos deben estar en buenas condiciones

El viaje es seguro: si maneja mal el conductor, el usuario puede mandar el informe

Los conductores son amables

Van a donde usted requiera

La mayoría de los conductores son profesionales que quieren un segundo ingreso

Mientras se logra una reglamentación de este servicio que le quite a los taxistas el monopolio del servicio público, se percibe que este negocio es rentable porque le asegura su pago, no le exige disponibilidad de tiempo respecto a horarios, quizás usted tiene un vehículo al que no le saca el mayor provecho y un Smartphone con el que podría empezar a sacar ingresos adicionales. (Montoya)

BIBLIOGRAFIA

Borghino, M. (s.f.). *El arte de hacer dinero.* Grijalbo.

King, C. W., & Robinson, J. W. (2006). *Los Nuevos Profesionales.* Buenos Aires: Time & Money Network Editions.

Montoya, A. (s.f.). *Finanzas personales.* Obtenido de Finanzas personales: http://www.finanzaspersonales.co/trabajo-y-educacion/articulo/cuanto-puedo-ganar-por-tener-uber/64888

www.ingramcontent.com/pod-product-compliance
Lightning Source LLC
Chambersburg PA
CBHW031622210526
45464CB00004B/1711